経済学の知恵

現代を生きる経済思想

［増補版］

山﨑好裕 著
YAMAZAKI Yoshihiro

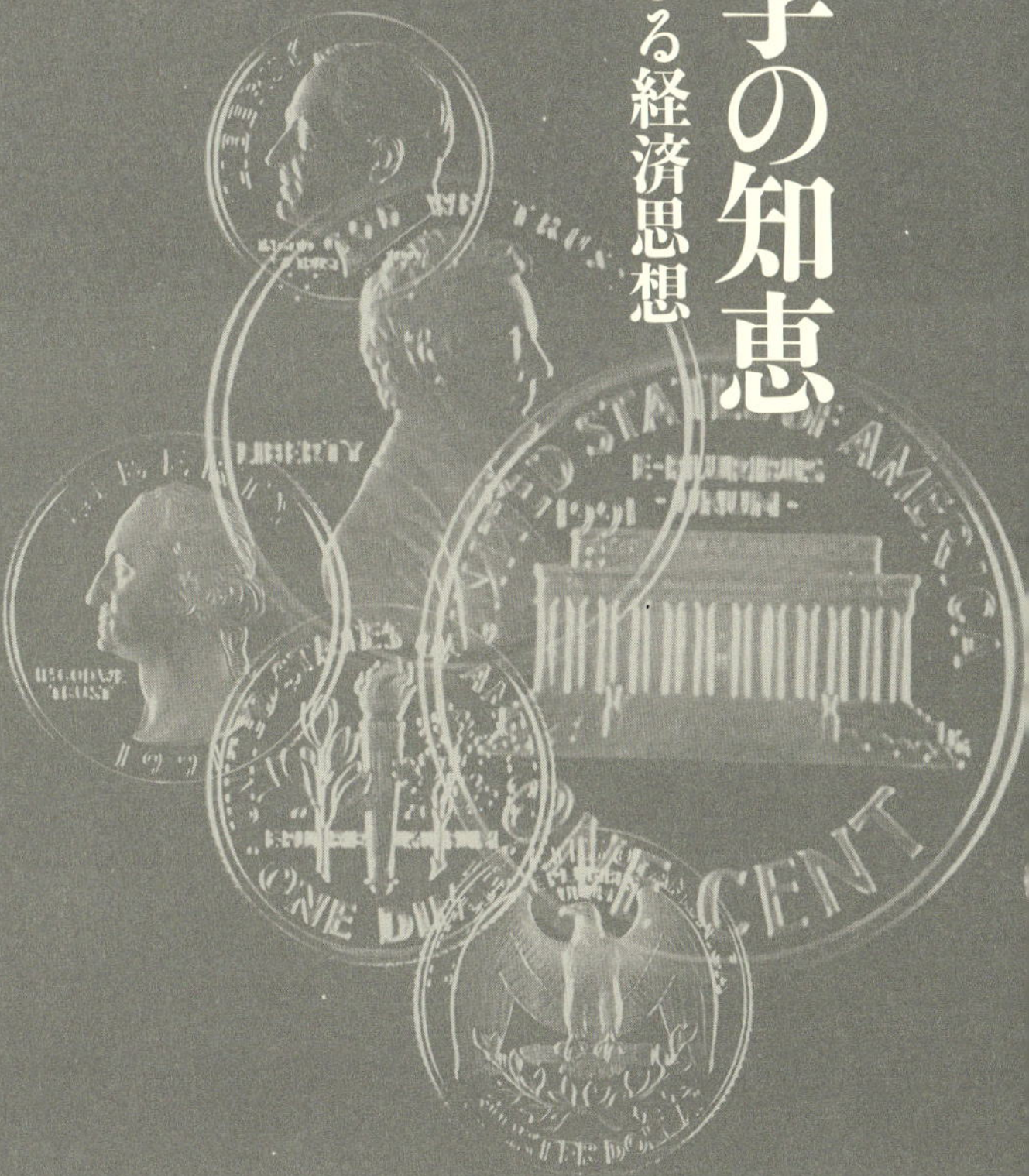

ナカニシヤ出版

はじめに

現代の経済のなかで、経済思想を考えることの意味はどこにあるのだろうか。私はこの本を書きながら常にそのことを考えていた。かつてある経済学者は、経済を緻密に分析することよりもより難しくより重要なのは、みんながそう思い込んでいる経済の常識をどのようにして脱却するかである、と語った。私も常々、世の中の人々が思っている常識が経済学の知見から見たときにいかに誤っているかを感じてきた。経済学の勉強そのものは難しいかもしれないが、私たち、経済学に専門的に携わるものは難しいものを難しく教えるのではなく、その分析が結論していることの直観的な意味を世の中の人々に理解してもらう努力をする必要があると思うのである。言うまでもなく、それは啓蒙とかいう時代錯誤的な傲慢な営為ではなく、経済学の現在をその考え方のレベルにおいていかがですかと提示するという、何かを生産して社会に提供するものとしては当たり前の在り方なのである。パン屋さんがパンはいかがですかといい、豆腐屋さんが豆腐はいかがですかというのと同じ意味で、経済学はいかがですか、と私たちは言う必要があるのではないかというわけだ。

この目的を根底に置いた本書だが、種々の事情によりいささか欲張りな内容になっている。すなわち、時代順に経済学者や思想家の中で現代を生きる経済思想の観点から取り上げるべき人物に一章ずつ割り振り、その生涯と考え方を説明している。だが、それにとどまらず、その経済思想のどこが現代的かを実感してもらうような叙述を心掛けるとともに、その考えから連想される現代経済学の知恵をも各章で説明するようにした。したがって、本書はもちろん読み物として読むこともできるし、現代の経済を生き抜くヒントを摑む目的で読んでもらうこともできる。さらに、現代経済学へのいささか変わった切り口からの入門書として手にとってもらっても結構だ。

全体は二六章から構成されているが、それぞれの章の間には基本的には関連がないので独立に好きなところから読んでもらうこともできる。旧版の章数は二でも三でも四でも六でも割れる二四であったが、新版で二章を加えたため、二と素数一三でしか割り切れなくなった。それでも、本書を手にとっていただいた方の読む速度と関心に応じて一日何章とか一週間に何章というかたちで読んでいただけるということに変わりはない。

さあ、ここから、経済思想のタイムトラベルへと出かけることにしよう。水先案内人は私である。経済をめぐる考え方のダイナミックで広大な景観を楽しんでいただきたい。そして、その旅を通じて、読者のみなさん一人一人が、現代経済を捉える複眼的な思考と独自の管制高地を見つけていただくことができたなら、著者にとって望外の幸せである。

経済学の知恵〔増補版〕

――現代を生きる経済思想――

＊

目次

目次

経済学の知恵〔増補版〕

■現代を生きる経済思想

1 巧妙な手

ステュアート『経済学原理』1767年
Steuart, *Principles of Political Economy*.

†市民革命の時代に

人間の経済活動はそれこそ有史以前から延々と続いている。必要なものを調達ないし生産し、それを交換によって必要な人のところまで流通させ、消費して命を繋ぐ。このことはいつの時代でも変わりはなかった。だが、これらが自覚的な営みとして、人々の考察の対象となるのはずいぶん近代に近づいてからのことである。つまり、そうした経済学的な思考、経済思想が生まれたごく最初の頃、初めて経済の全体像を捉えようとした人物がステュアートであった。

ステュアートは一七一三年、スコットランドのエディンバラに法曹貴族の子弟として生まれた。当時ヨーロッパの宮廷には、古くからの領地を国王に認めてもらって田舎の邸宅で過ごす土地貴族と、国王を中心とする中央集権国家の官僚として給与をもらって生活する宮廷貴族があった。法曹貴族というのは宮廷貴族のなかでも法律知識で国に仕える貴族である。今で言えば法務省の上級官僚というところであろうか。

エディンバラ大学で法律を修めたステュアートは法律家として活動していたが、相次ぐ市民革命と王政の回復というめまぐるしい歴史の後遺症を引きずった当時のイギリスの政治状況は、ステュアートに平穏な生活を許さなかった。一六八八年に始まり一六八九年まで続いた名誉革命で、従来の王家はオランダからやってきた遠縁の新しい国王にとって代わられていた。だが、それを面白く思わない人々は、一七四五年にジャコバイトの乱を起こし、ステュアートはそれに連座して国外への亡命を余儀なくされた。ステュアートはヨーロッパ大陸の各国を転々とする亡命生活を一八年間続けたのち、一七六三年ようやく帰国が許される。帰国後のステュアートはスコットランドのコルトネスという場所にあった領地の経営に従事しながら、経済学誕生への大きな一歩を記した『経済学原理』を執筆したのである。

実に旅は学問の母である。日常の無感動になった精神状態を離れて、見るもの聞くものに旺盛な好奇心を感じることができるからである。ステュアートの旅は苦しい流転の亡命生活であったが、彼は母国とはそれぞれに異なった経済発展を見せる大陸各国の状況を見て、経済に関する一般的な法則性とは何かに思いを馳せたであろう。全五編からなる大著『経済学原理』のうち最初の三編は大陸時代に執筆されたものである。ステュアートは一七六七年にこの主著を完成させたのち、一七八〇年に没した。そして、経済という人間の営みを学問として体系的に解明しようという方向は、少し年下のアダム・スミスらによって確実に受け継がれたのである。

†レイバーとインダストリー

ステュアートの生きた一八世紀ヨーロッパの経済状況を想像してみてほしい。いちはやく経済の近代化を成し遂げるステュアートの母国イギリスも未だ産業革命前夜の状況にあった。ただ、さすがにイギリスでは、経済力のある農民たちが、単に年貢を納めるために働くことから離れ、売ってお金に換えられるような作物を作ったり、羊毛などを加工して付加価値をつけて高く売ることを始めていた。工業や商業が草の根レベルで盛んになりつつあったのである。もちろん、イギリスにも古くから工業や商業に該当するものはあった。しかし、それらはすべて貴族や大商人が経営するものであり、莫大な上納金の見返りに国王から特別に許可を与えられていたものだったのである。もちろん、その製品もすべて庶民とは無関係なものであり、各国王家や貴族の家庭で、豪華な衣装に仕立てられたり、調度や装飾として彼らの華やかな生活を飾りたてるものであった。このことはイギリスより経済発展の遅れた大陸諸国ではなおさらのことだった。

母国の経済状況と大陸のそれとを比較してステュアートは、経済状況によって人々が働くときのようすに違いがあることに気づく。従来年貢のために働いていた農民にとって、汗水を流すことは労苦以外の何物でもなかった。英語で言うとレイバーである。しかし、イギリスに見られるように農民が自分の利益のために働けるようになると、彼らの目の輝きが違ってくる。彼らは必死で働き、働くことを喜びとすら感じるようになるのである。ステュアートはそうしたようすを、勤勉つまりインダストリーと呼んだ。人々の働きは時代が近代に移るにつれてレイバーからインダストリーに変わる。そして、そのことが人々に多くの時間を働くことに費やさせ、同時にそこでさまざまな工夫や努力をするからその国の生産はどんどん増えていくであろう。ステュアートは人々の勤勉にこそ経済発展の原動力を見たのである。私は受験勉強をしていた高校時代、英語のインダストリーに産業と勤勉という ちょっと結び付かない二つの意味があるのはなぜだろうと思っていた。もうお分かりと思うが、ステュアートが勤勉の意味の言葉を近代的な労働の意味で使い始めたのがその起こりだったわけである。

†フリーハンズとお金

お金をたくさん儲けようと思って一生懸命に働くことがインダストリーであるが、その担い手となるのはどのような人であろうか。それは言うまでもなく、自分が働いたことの成果がお金によって支払われるような人々である。ステュアートによれば、商人と職人がそれにあたり、彼はそれらの人々をフリーハンズと呼んだ。彼の時代、未だに農民でいる限りは重い年貢を支払うための労働、つまり、レイバーに縛りつけられていた。それに対して、もともと商人であった人や職人であった人、自営の農民であったが時代の流れに乗って羊毛の加工などに進出した人々は、縛りつけられていた土地から離れて自由なインダストリーに従事できるようになった。フリーハンズという言葉にはそのような自由の意味が込められている。

一国の経済全体から見たとき、フリーハンズの人口が大きくなることこそ、経済の規模と生産性が大きくなること、経済が進歩・発展することに他ならない。また、フリーハンズがより仕事に一生懸命になれば、国民全体の付加価値の総額はどんどん大きくなるであろう。

このことから、ステュアートは一国の経済を運営していくべき、為政者である国王のなすべき仕事を導き出す。フリーハンズがより仕事に一生懸命になるには、そして、国民の多くがフリーハンズとして働きたいと思うようになるには、彼らが働くことの究極目的であるお金が国内にたくさんなくてはならない。つまり、国王は国内にお金をたくさん集めるのが重要な仕事であり、経済発展のための政策であるということになる。

ステュアートよりはるかに以前から、お金こそ一国にとっての財産であると考える立場の論者がいた。重商主義者と呼ばれる人々である。彼らの考えはそもそも価値があるものといえばお金であるという素朴な発想から生まれたのかもしれない。実際私たちは金やお札を見るとそれだけでありがたいような気分になってしまう。しかし、ステュアートの頃になると、なぜお金が国内に集まることはいいことなのかという大切なところを考えるようになってくるのである。その問いに対するステュアートの答えが、お金が国内にたくさんあることで、職人や商人たちの欲望が呼び覚まされ、国内の生産が大きくなるから、というものだったのである。

†裁定という考えと購買力平価説

ステュアートは、重商主義者たちが素朴に思っていた、貿易黒字を出して国内に金銀財宝をためることはいいことだ、という考え方に、ある意味で合理的な説明を与えた。このようなお金の量が生産や消費といった実際の経済の現場に大きな影響を与えるという認識は、現代に至るまで経済学の一つの流れを形作っていると言っていい。現代経済学も、お金というものは経済の実体を被うヴェールのようなものに過ぎないという考え方で一致しているわけではないのである。

また、ステュアートには、お金儲けのために職人がたくさんの品物を作り、商人がたくさんの品物を輸入しても、まだ国民の中に占める貧しい農民の数が圧倒的に多い現状では、品物が十分に売りさばけず、職人や商人が牽引者となっての経済発展はおぼつかないという認識もあった。そこで、国王や貴族が無理にでも贅沢をしてそうした品物を買ってやること、教会が施しをして貧しい人々が品物を買えるようにしてやることに、重要な経済政策的意義を見いだした。奢侈や慈善が経済政策とはピンとこないかもしれないが、今風にいえば需要創出策ということになる。この点も、後の経済学の展開を考えると興味深いものがある。

ところで、経済学の中にある裁定という重要な考え方を強く見ると、ステュアートたちの貿易差額を稼ぐと国民が豊かになるという考え方に批判を加えることも可能である。そして、私たちの日常生活にも大きな影響を与えている為替レートが長期的にどう決まるかを示す理論は、この裁定という考

アメリカ			日本	
床屋	自動車	←→	自動車	床屋
＄10	＄1万	1ドル＝200円	¥200万	¥3000

アメリカ			日本	
床屋	自動車	←→	自動車	床屋
＄20	＄2万	1ドル＝100円	¥200万	¥3000

アメリカ			日本	
床屋	自動車	←→	自動車	床屋
＄10	＄1万	1ドル＝150円	¥150万	¥3000

え方に基づいて作られているのである。

　スウェーデンのカッセルという経済学者が最初に提唱したといわれる購買力平価説は、日々変動する為替レートが、細かな変動をならして長い目で見た場合にどういった基準で決まっていくのかについて、今日にいたるまで通用する明瞭な視点を示している。たとえば、一ドル二〇〇円であるというとき、この為替レートは背景にどのような意味を持っているのだろうか。

　図を見ていただきたい。今、自動車という同じ品物がアメリカでは一万ドル、日本では二〇〇万円したとしよう。同じ品物でも国が違えば通貨単位が違うのだから値段表示が違うのは当たり前である。だが、同じ日本国内で東京で二〇〇万円の自動車が大阪で二五〇万していたら、大阪のお客さんは皆東京で自動車を買うだろうから、東京の自動車の値段は競り上がり、大阪のディーラーは値下げせざるを得なくなるだろう。こうして、全国一律の価格が成り立つ。このように、人々が値段の差による利益を求めて行動する結果、どこでも値段が同じくなると経済学では考える。そして、そうした行動を裁定取引と言うのである。国内で当たり前のことは国際的にも成り立つ。もし、為替レートが一ドル一八〇円であれば、日本の消費者はアメリカから自動車を輸入し始めるだろうし、日本車に乗っていたアメリカのユーザーは国産車に乗り換えるであろう。このことは貿易のためにドルを求める人が増え、円を求める人が減ることを意味するから、為替レートは円安ドル高にぶれて、結局、貿易品である自動車がどちらの国で買っても同じ値段になる一ドル二〇〇円に落ち着くのである。一方、貿易されない財やサービスは今の話の影響を全く受けない。たとえば、いくら料金が安いとはいえ散髪のためにアメリカまで出かける人はいないから、床屋のサービスには国際的な裁定が働かない。一ドル二〇〇円の為替レートでも、アメリカでは一〇ドル、日本で三〇〇〇円ということになるのである。ここに内外価格差の秘密がある。

さて、貿易黒字を稼ぐことはいいことだ、とばかりに、意図的に輸入を抑えて輸出を増やし続けたらどうなるだろうか。アメリカがどんどん貿易黒字を稼いだとしよう。ステュアートの時代の方が分かりやすいかもしれないので、まずはそれで説明する。金そのものがお金だった昔は、国内に入ってきた外国の金貨を鋳造し直して自国の金貨にした。つまり、貿易黒字をどんどん稼ぐと国内の通貨の量が増えていく。それほどの勢いで国内の生産が伸びないとすれば、国内の通貨の増加は物価上昇を招くだろう。図の二段目を見てもらいたい。図のように貿易黒字を稼いだアメリカの物価が二倍になったとすれば、日本から見てアメリカの自動車は高くなるので、アメリカの貿易黒字は赤字に転ずるであろう。こうして、アメリカから金貨が流出し、重商主義者の思惑は成就しないのである。

ところで、現代では、金とお金の関係は切り離され、国内の通貨の量はかなりの程度、政府の判断で決定できる。しかし、貿易黒字を稼いだアメリカの業者は国内の銀行に手に入れた円を売ってドルを引き出すからやはり通貨の量は膨張せざるを得ない。物価上昇はアメリカの輸出を不利にすることは先ほどの説明と変わりない。ただ、その後の変化が昔と違う。今は金貨の流出によって物価がもとにもどっていく前に、前に述べたような裁定が働いて為替レートは一ドル一〇〇円と円高ドル安になるのである。こうして物価上昇のある国の通貨はインフレーションと同じ率で安くなっていく。

ついでに、日本の円が高くなる理由を、外国のインフレーション以外の視点から確認しておこう。図の一番下の段を見ていただきたい。今度も裁定の結果、一番上の段の一ドル二〇〇円と比較して、一ドル一五〇円と円高ドル安が進んでいる。ただ、この円高ドル安の理由は先ほどとは違うことが、二つの段を比較して確認できるだろう。変わっているのは、日本の自動車の値段が二〇〇万円から一五〇万円に下がっていることだけである。アメリカに変化がないことからインフレーションは原因でない。これは、貿易品の生産性を他国に先駆けて上げた国の通貨は高くなっていくことを意味している。八〇年代以降、日本人は働いては円高で輸出が小さくなるという強迫観念に襲われ、また、一生懸命生産性を上げるために働いて、というコマネズミのような生活をくり返してきたとも言えるのである。

また、この円高ドル安は、上の段で円換算で二〇〇〇円だったアメリカの床屋の値段を一五〇〇円にしている。日本の三〇〇〇円との開きはますます大きくなり、内外価格差は拡大したわけである。

だが、もうお分かりだろう。私たちは、外国に比べて日本の物価は高い高いと文句を言っているが、その原因の大きな部分は私たち自身にあるのである。

2 見えざる手

スミス『国富論』1776年
Smith, An Inquiry into the Nature and Causes of the Wealth of Nations.

†学者としての一生

「見えざる手」という言葉はアダム・スミスの名前とともにあまりにも有名である。そして、経済学に全く興味も関心もないとしても、スミスの名前を知らない人はいないであろう。しかし、彼が本当に何を語っているのか。また、彼の考えのどこまでが経済学の、そして私たちの考え方を支配しているのか。多くの人は知らないか、誤解しているのではないか。どうも、私にはそう思える。たとえば、あまりにも有名な「見えざる手」という言葉は、一七七六年に出版された彼の主著である『国富論』に確かに出てくる。重要な言葉だからさぞかし頻繁に出てくるだろうと思うかもしれないが、実に一度きりなのである。しかも、彼のゆったりとした長大な文章の片隅にさり気なく出てくるだけなので、うっかりすると読み飛ばしそうなほどである。自由主義の元祖のような存在として、ある人からは賞賛され、またある人からは批判を受けるスミスの実像を見てみることにしよう。

スミスは、一七二六年に税関の職員であった父アダムと地主の娘であったマーガレットの子として、カーコールディという町に生まれた。マーガレットは父アダムの二番目の奥さんで、スミスの上には前妻との間にすでに男の子がいた。だが、父アダムはスミスが生まれる前に還らぬ人となっている。スミスは母の愛情をたっぷり受けて成長し、一四歳でグラスゴー大学に入学して勉学の道を進むことになる。彼の思想の中にある人との繋がりを大切にする考え方、そして、どことなくおっとりした雰囲気はこの生い立ちに原因があるのかもしれない。

スミスはグラスゴー大学で道徳哲学の講義の手ほどきをハチソンという学者から受け、多くのものを学んだ。道徳哲学とは、現代では聞き慣れない学科名だが、今風に言えば社会科学全般を指すと言っていいだろう。人間と人間の繋がりの中にある法則性をモラルという言葉で代表させるなら、それを分析するのがモラル・フィロソフィーなのである。昔はフィロソフィーも今のように人文系の狭い分野を指す言葉ではなく、学問の総称といった意味をまだ残していた。とはいえ、当時すでにニュートンが古典物理学を完成していたから、社会科学は壮大な自然科学を範とする厳密なものとならなくてはならないという考え方があったようである。スミスも後に天文学に関する論文を書くなど、自然科学についての勉強も怠らなかったようである。実に大学人の模範とすべき御仁ではないか。

グラスゴー大学で三年間の充実した時間を過ごしたスミスは、奨学金をもらい、六年間、オックスフォード大学に留学した。しかし、オックスフォード大学の研究環境は、スミスの期待を裏切るものであったようである。教授たちは学問への情熱を失い、学生たちも無気力な学園生活を送っている。勉強熱心なアダム・スミス君が現代日本の大学にひょっこり留学してきたら、はたしてなんと言うだろうか。もっとも、今でこそ、スミスの故郷でグラスゴー大学のあるスコットランドも、オックスフォード大学のあるイングランドもイギリスの一国内であるが、当時は併合されてかなりの月日がたつとはいえ、スコットランド人の独立意識は今以上に高かったと思われる。豊かなイングランドの生活の怠惰さが、特に嫌なものとしてスミスの目に映ったということかもしれない。発展途上の国々からやってくる優秀な留学生諸君が、現代日本の大学や社会に感じる感想も同じようなものかもしれないのである。スミスは講義に出ず、オックスフォード大学図書館の膨大な蔵書を片っ端から読んで、一七四六年、母の待つカーコールディに帰郷する。故郷の町でスミスは、留学中に書きためた論文の整理をする傍ら、いくつかの大学で非常勤講師をするのだが、彼の講義は評判で、一七五一年から彼はグラスゴー大学で正規の教員として教えることになった。間もなく、道徳哲学の教授に就任したスミスは、講義に研究に忙しくも充実した日々を送り、一七五九年、『国富論』と並ぶ代表的著作である『道徳感情論』を出版した。道徳が人間の知性というよりも感情に由来すると述べたこの本はヨーロッパ各国でベストセラーとなり、スミスの名声は大いに高まった。そして、バックルー公という若い貴族の家庭教師としてどうかと推薦してくれる人があって、スミスは貴族の優雅な留学に同行してフランスで三年間を過ごすことになる。ここでも、現代的な判断から、おやっ、と思われるかもしれないが、家庭教師といっても当時は大貴族が子弟の教育のために大変な高給で一流の学者を雇うというものであった。逆に当時の大学の先生は収入が著しく不安定であったから、スミスにとっても願ってもない申し出だったわけである。

フランスでスミスは多くの学者と交流し、とりわけ、重農主義者と呼ばれる経済学者たちとの交流から多くのものを得た。前章で見た重商主義者たちの貿易黒字優先策が農業を衰退に追い込んでいるとして、農産物を政策的な裁量を加えない適正な価格で売ることで農業をのびのびと発展させることが国の繁栄に繋がると訴えたのが重農主義者だった。

帰国後、スミスは社会の基盤である経済において、自由な行動を許すことがいかに大切かを体系的に説ききった『国富論』を出版し、本格的な経済学の誕生をヨーロッパ世界に知らしめることになる。その後、スミスは、かつて父も勤めていた税関の重役の職を任命され、大学の業務、研究の整理に忙しく立ち働きながら、一七九〇年に息を引き取った。遺言として、彼は二人の友人に、残された草稿の類いは全て焼き払ってほしいと語ったという。生涯結婚もせず、よき学者、よき教師として人生を全うしたスミスらしい、完璧を貫いた最期であったように感じる。

†『道徳感情論』から『国富論』へ

スミスが、自分の道徳哲学、すなわち社会科学体系の構築にあたって、自国の偉大な先駆者であるニュートンの物理学をその目標としていたであろうという推測は、すでに述べた通りである。ニュートンの物理学の中で最も人々の耳目を引くのは、なんと言っても彼がリンゴが木から落ちるのを見て発見したという万有引力の法則である。何らかの重さを持つ物質は、その質量に比例し距離の二乗に反比例する引力を持って互いに引き合っているという発見は、それ自体としても興味深いが、そこから導かれる数式によって日食の時期や地球の公転周期などの天上の事柄から、投げたボールの描く軌跡のような身近なことまで、実に正確に予測できることが人々を驚かせる。

スミスは、ニュートンが万有引力の法則に基づいて物理学の体系を築いたのに倣って、人々の間に通う共感の感情に基づいて社会科学の体系を作り上げようと考えていた。引力が物質の質量に比例し距離の二乗に反比例して個体を引き合わせ物理の運動を支配しているように、人間同士の間には共感の感情がその結び付きをもたらすものとして存在している。そして、共感の感情もまた、距離の二乗に反比例というわけではなかろうが、自分から距離が遠のくほどに小さくはなっていく。肉親や家族への共感が一番強く、次に地域の人々、同一の国民、ヨーロッパの諸国民、全世界の人々、という具合である。他人が困っていると見過ごすことはできず、他人の痛みも喜びもある程度は自分のものとして感じることのできる人間に生まれつき備わった能力が共感である。人々の共感による結び付きは、社会の中では道徳というかたちで固定化され、さらに法律にまで客観化されて確認される。スミスの『道徳感情論』はこのようなことを語っているのである。

人々の他の人と関わり合いたいという共感の感情は、自分の持っているもので他の人が必要なものがあればあげたいという感情になるであろう。互いにそういう思いがあるのであれば、自分の豊富に持っているもので相手が必要なものを互いに交換する行為となって現れるはずである。また、交換行為は人々に他人と関わり合っているという満足感をもたらし、それ自体喜びともなるであろう。スミスはこのような人間の生まれつきの性質を交換性向と名付けた。交換性向によって人々は、生活に必要な物資を自分だけで調達する必要がなくなる。自分が比較的得意とする作業で手に入れられる物資を専門に調達し、同じような専門の生産をしている他の人々と交換をすればよいからである。狩りが得意な人は一日狩りに専念し、土器作りの得意な人がその日作った器と自分の捕った獲物とを交換すればよいのである。こうして分業が始まっていく。

分業は非常に高い生産効率を人々にもたらす。大量の物資が生産され、より広い範囲のより多くの人々と交換が行なわれる。交換の範囲が広くなるとその分大量の物資が必要とされるから、さらに分業による専門化を進める必要が出てこよう。このことをスミスは「市場の広さが分業を規定する」という表現で表した。分業による大量生産と市場の広がりは互いにプラスの影響を与え合いながら進展していく。スミスは、そういう、経済発展が経済発展を呼ぶ時代を来るべき近代と考えた。

スミスが生きたのは、産業革命前夜の未だ十分に近代経済の確立する前の時代である。いわば時代の預言者として、近代を予告したところにスミスの偉大さがある。だが、すでに彼の時代にはマニュファクチャーと呼ばれる生産の仕組みの下で、分業に基づく効率的な生産が始まっていた。マニュファクチャーとは、工場と呼ばれる広い建物に多くの従業員を集めて手作業で物を生産させる仕組みである。ここに機械がやってきたとき時代は大きく転回した。スミスはピン工場での観察を元に、分業がいかに格段の生産性向上をもたらすかを『国富論』冒頭で驚きをもって語っている。スミスの偉大さは、そのような工場内での分業から社会規模での分業を想像し、経済の本質や職業・産業が分化してくる本当の原因を見抜いたところにある。さらに、この時代は市民革命の自由と平等という思想がヨーロッパ世界全体に広がり、法や権力に規制されることなく人々が自由に行動し、自由に儲ける気分が横溢していた。その自由の観念自体、工場経営者や商人たちの経済的自信に裏打ちされたものだったのである。

スミスの先ほどの議論も、一国の経済は、政府や権力者が個人の判断で政策的な作意を施すのではなく、分業の自然な発展に任せた方がよりよく発達するという主張に繋がる。スミスの場合でも、人々の持つのはあくまでも自分の次に自分の隣の他人がかわいいという共感であり、なんといっても自分を最も愛する気持ちが人にはあることを話の前提としている。その個人的な欲望こそが、より多くの他人と財を交換してより多くの利益をあげようという経済活動を推進する原動力なのである。「人々にしたいようにさせなさい。」これがスミスの主義主張を表す簡潔な表現として有名なレッセ・フェールというフランス語の意味である。だが、スミスを読むときに誤解してはならないのが次の点である。

スミスは、確かに、人々は自分自身の利益だけを追求して一生懸命にやる方が、他人のためを思ってするより余程社会の利益を増進するであろう、と言っている。そして、『国富論』のなかで唯一「見えざる手」が出てくるのもその箇所である。スミスはこの「見えざる手」という表現で何を語ろうとしたのであろうか。もちろん直接には、人々の交換性向という要因が、ちょうど、万有引力が力学的法則を生み出すように、人々の思惑を超えた社会の法則を生み出すということであろう。だが、交換性向の背後には他人を思いやる共感の念があったことを思い出してほしい。スミスが経済の中で行なわれる競争として考えているのは、決して、相手を殲滅するまで止むことのない破壊的な競争ではない。相手の立場やシェアをお互いに尊重しながら行なわれる、その意味でスポーツのフェアプレーのような競争なのである。フェアな競争は相手の打倒を目的としたものでなく、前回負けた相手に今回は勝とうと工夫をこらし、そうして社会に恩恵をもたらすようなよい効果をあげる競争なのである。逆にいえば、人々は経済活動においても共感に基づく自然な秩序を作り上げるから、政策的な競争制限がなくとも血みどろの情け容赦のない闘争に陥ることはない。むしろ、政府は手を引き当事者の間に自然に生まれるルールに任せた方がよい、というのが、スミスの本心なのである。この意味で、スミスを自由競争の単純な権化のような人間として捉えることは間違いであることがお分かりいただけるだろう。自然や社会に荒廃をもたらすようなおそれがあるのであれば、スミスは皆で話し合ってよいルールを作ろうと呼びかけたに違いないからである。

†分業の利益と比較生産費説

スミスの議論の中に出てきた分業の利益を説明するときに一番分かりやすい方法は、スミスの後、イギリスの経済学の発展に大きく貢献したリカードという人の展開した比較生産費説を考えてみるこ

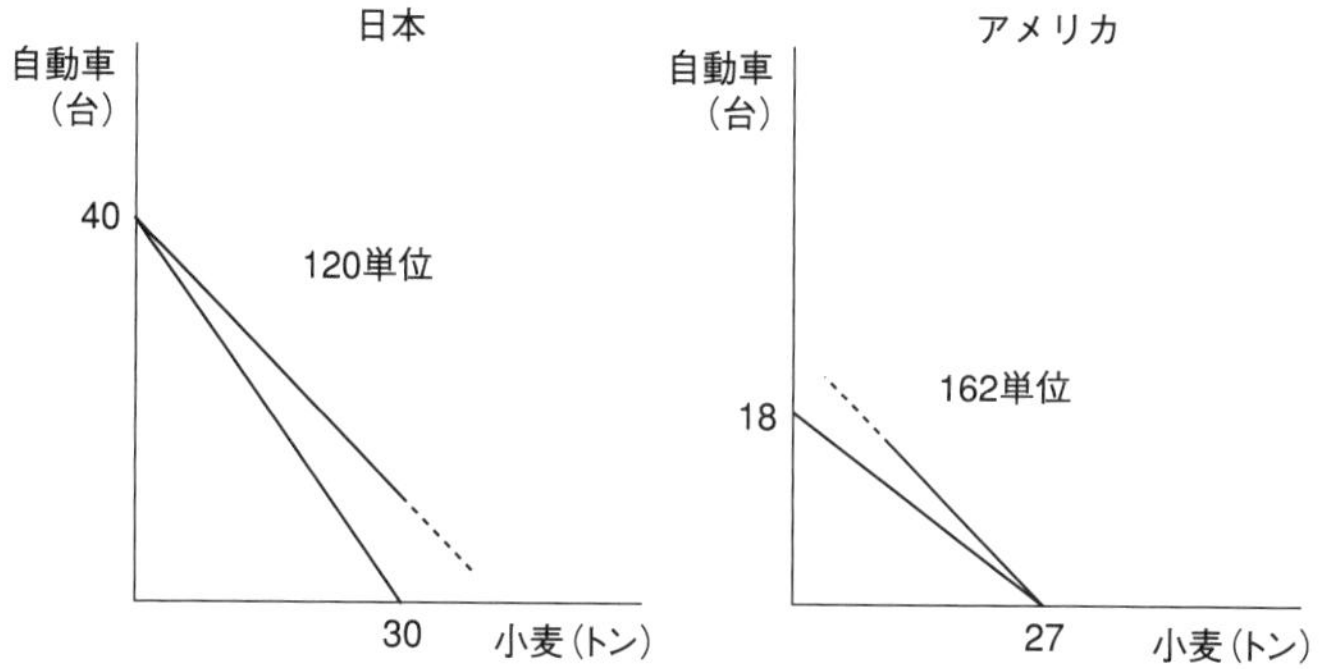

とである。この理論はもともとは自由貿易がなぜ望ましいかを説明するためのもので、今でも国際貿易の原因を説明するときに使われる考え方とされている。しかし、比較生産費説を理解すれば、私たちの身の周りでもよく作業分担をして仕事をするがそれはなぜかがよく分かる。

今、図のように、日本でもアメリカでも自動車と小麦を作り、それを消費して生活しているとしよう。国民の特性で、日本では自動車一台当たり三単位の労働、小麦一トン当たり四単位の労働が要るのに対し、アメリカではそれぞれ労働が九単位と六単位かかるとしよう。今二国で貿易を始めたとしても、どちらの品物についても生産性の高い日本が作った方が望ましい、ということにならないことに注意してほしい。なぜなら、日本の労働も限られた分量しかないので、アメリカにも分担してもらった方が一定の時間内でよりたくさんのものを作れるからである。もちろん、実際には、アメリカが何も売らずに外国から品物を買えるはずもないのだが。

作業を分担する場合、適当にするのではなく二国全体から見て

	自動車	小　麦
日　本	3	4
アメリカ	9	6

一番財の生産量が多くなるような分担が一番効率的である。そのような分担が、二国がそれぞれに比較的得意な方に専門化する方法であることはすぐに分かるだろう。この比較的というところが重要である。日本とアメリカそれぞれに、自動車の生産費一に対する小麦の生産費を見てみると一・三と〇・七だから、日本は比較的自動車が、アメリカは比較的小麦が安いことが分かる。そこで、日本は自動車だけを生産してアメリカに輸出し、アメリカは小麦だけを生産して日本に輸出すると、両国共に自国内だけで生産をしていたときには到達できなかった高い生活水準を達成できるのである。たとえば、労働が日本には一二〇単位、アメリカには一六二単位あるとして、自国内だけで生産をしているときに可能な品物の組み合わせを示すと、それぞれ図の直線のようになる。そのとき、先ほど述べたように国際分業した上で、日本が自動車だけをアメリカに一台渡すたびに、アメリカが小麦を一トン渡すように交換が進めば、図に描いたように一国内で生産していたときより、それぞれに多くの品物を享受できるのである。この利益は、交換比率が、一国内で生産をしてきたときの生産費の比率、四分の三と二分の三の中間である限り必ず得られる。

国際貿易という大きな話でなくとも、至る所で行なわれている作業分担がこの理屈で成り立っていることが分かろう。たとえば、二人の学生が明日までに英語と数学の宿題を提出しなくてはならないとき、今夜分担して宿題をやり、明朝ノートを交換すれば楽ができる。たとえ、どちらの科目で見ても一方が他方より圧倒的に優れた学生であったとしても、劣等生も比較的得意な方を分担する方が二人合わせてみたときの楽は最大になるのである。

3 パノプティコン

Bentham, *An Introduction to the Principles of Morals and Legislation.*

ベンサム『道徳および立法の諸原理序説』1789年

†時代を驚かせ続けた人

何の世界であっても時代に先駆けている人はいるものである。本人に自覚がない場合、その結果は悲劇的なことが多いようだが、自分の主張が時代を超えていることを自覚できる人間もいるようだ。私にはジェレミー・ベンサムがそのような人物に思われる。

ベンサムは一七四八年、ロンドンに弁護士の息子として生まれた。恵まれた経済状況の中でベンサムは英才教育を施され、一〇歳の頃にはギリシャ語、ラテン語、フランス語をマスターしていたという。ただ、彼の場合は、英才教育を施される多くの子が消化不良を起こしがちなのに対し、大いに楽しみ、子供の頃の家族内でのあだ名が哲学者だったそうである。早熟なベンサム少年は、そう呼ばれておどけたポーズでふんぞり返ってみせたかもしれない。父親はもちろん息子の才能に目を細め、現代の日本で言ったら最高裁判所長官のような法曹界の最高位につけることを夢見ていた。ベンサムは一応父親の期待通り、ケンブリッジ大学に進み一五歳で法学の学位を取得した。ベンサムはその後法律の専門学校で実習経験を積み、一八歳で弁護士として仕事を始めた。父親と共同の法律事務所での仕事だったが、学問的な関心が強かったベンサムは稼ぎの方はないがしろにして、法学の理論や思想の研究に打ち込む。その研究成果は、一七七六年に処女作として出版されたが、批判者ベンサムの片鱗を示すに十分な内容を含む著作だった。イギリスでは特に、法律の本質を人間にとって自然な本性や習慣をまとめたものとする自然法と呼ばれる考え方が主流だったのに対し、ベンサムは人間社会の秩序を維持し、それらを改善・進歩させるために人為的に作られるのが法であるという主張をしたのである。この背景には、賄賂やいい加減さの横行する当時のイギリスの法曹界の現実を目の当たりにしたベンサムの、法律改革への意志があったのである。

その後ベンサムは弟の住んでいたロシアに向かい、そこで二年を過ごしたのちに帰国した。そして、間もなくの一七八九年、主著となる『道徳および立法の諸原理序説』を公刊した。この書に序説の名前が付いているのは、ベンサムが刑法改正案を構想していたので、その改正の根拠となる考えをまとめて執筆したからである。この序説が本文に先駆けて発表されると、多くの人々の注目を集め、ベンサム思想の真髄を表すものとして一人歩きしていったのである。

スミスが『国富論』を出版したのはアメリカ独立の年だが、ベンサムのこの書はフランス革命勃発の年に出版されたことになる。まさに時代は近代へと大きく転回しようとしていた。フランスの革命政府は時代の批判者として有名になったベンサムに名誉市民の称号を贈ったが、これは片思いだったようで、ベンサム自身はフランス革命の思想もその後の展開も批判的にしか見ていなかった。

こうした名声の高まりの中、一七九二年に父親が死ぬとベンサムには多額の遺産も転がり込んできた。ベンサムはこれを機に弁護士の仕事から引退し、その後は著作に専念することになる。刑法改正案に続き、民法改正案、そして、憲法の執筆と、彼は膨大な仕事を次々とものにしていった。この一方でベンサムは、親友であったスコットランド出身の経済学者ジェームズ・ミルと共に、急進的な思想雑誌『ウェストミンスター評論』を刊行し、時論や政策批判にも鋭い批判の舌鋒を振るった。

このように、常に時代を自覚のもとにリードし、名声も財産も手に入れて、ベンサムは一八三二年、多くの弟子に看取られて八三年の生涯を閉じた。と、普通であればここで終わりなのだが、ベンサムの場合続きがあるのがすごい。彼の遺体は遺言に従い、ろうに塗り込めて防腐処理を施したのち、ステッキに燕尾服、山高帽という生前同様の姿で教会の礼拝所に置かれた。その意味で、今でも私たちは生前のままの彼に会うことができる。ほんとに、死んでまで人を驚かす人である。

†快楽計算と功利主義

ベンサムの名とともに一番よく知られた言葉は、「最大多数の最大幸福」であろう。ベンサムはこの言葉によって、社会の目的がみんなの幸せを追求することにあると言ったから新しいのではない。それが計算によって可能であるとした点が新しいのである。

　幸せが計算可能であることを言うために、ベンサムはまず、どんなに複雑に見える幸福でも、どんなに深刻な不幸でも、必ず単純な快楽の感情と苦痛の感情に分解することができると言う。大きな快楽は小さな快楽の何倍かの数値で、複雑な不幸は単純な不幸の何倍かの数値で表わすことができるとするのである。

　このような観点から見た場合、人間の行動は実に明瞭な姿を現す。ある行動をするかどうかを決めるときに、私たちはその行動の結果の快楽と苦痛のどちらが大きいかで決める。また、複数の選択肢から一つを選ぶときにも、私たちはそれぞれの結果の快楽と苦痛のプラスの差額が一番大きい行動を選ぶだろう。

　さらにベンサムはこの観点から、法律の意味とその改革の明瞭な基準を導き出す。法律によって私たちが犯罪者を裁くのは、刑罰によってその犯罪者の被る苦痛よりも、その犯罪者が再犯しないことで、また、犯罪が抑制されることで社会が受ける快楽の方が大きいからそうするのである。法律の改正も、改正した方が社会の快楽が増す条項は改正し、今のままで十分に社会の快楽追求に資している条項は残すべきである。

　このように快楽計算に基づいて社会改革を訴える考え方を功利主義と呼ぶが、これは必ずしも人気のある考え方ではない。計算ずくの人間像や社会全体の快楽追求という発想が何かせちがらい感じを与えるのであろうか。正義とか、真実とか、みんな何かもっと高尚な社会目的を考えたがるようである。だが、私は功利主義的な説明は道徳や法律の基礎を与えるとき、現代ではかなり有効ではないかと思っている。たとえば、「援助交際」をしている女子高生に向かって、それは悪いことだからやめなさいと大人が言ったとする。それに対して彼女は、誰にも迷惑をかけていないのだからいいじゃない、と答えるだろう。それに対してさらに、悪いことだから悪い、では納得してもらえないのではないだろうか。結局は親を含めてそれによって苦痛を被る人が多く、その子本人も精神的に傷ついたりのちにレッテルを貼られたりという苦痛を、今もらっている現金から得る快楽以上に受けるから悪いのだという説明が、一番説得的ではないだろうか。

†パノプティコンの意味するもの

ロシア旅行の頃、すでに有名な法律家であったベンサムは、ある人の依頼で刑務所の設計をすることになる。刑務所は刑法という法律を犯した人に罪を償ってもらい、更正してもらうための施設だから、法律家の仕事と言えないことはない。ところで、予想がつくと思うが、ベンサムの新しい刑務所の設計は、本当に現代の私たちから見ても驚くようなものだった。

刑務所というとみなさんはどのような施設を想像するだろうか。高い壁に囲まれたコンクリート造りの四角い無味乾燥な細長い建物の群れだろうか。ベンサムのそれは全く違うのである。

周りには塀も何もない広場に円筒状の高層ビルがそびえている。どうも、ビルの芯の部分は中空になっていていわば竹輪のような形をしているみたいである。高層階のそれぞれにはたくさんの個室があり、大きな明かり窓が開いているので採光はよさそうである。ところで竹輪の穴の部分にはビル全体の高さの半分くらいまである物見塔が立っている。ここには受刑者を監視する看守が何人か交代で詰めるという。

ベンサムは言う。私の作ったパノプティコンこそ、これからの合理的にして人権を配慮した刑務所である。これまでの刑務所はうすぎたなく、独房も狭くて暗かった上に、看守が廊下を見回る度に鉄格子越しにその視線を感じ、受刑者がみじめな思いをしていた。それに引き換え、パノプティコンは明るく清潔である上に、看守も内側に開いた窓に映る人影を物見塔から監視するだけだから、受刑者の人権も守られる。さらに、看守から見ても、歩き回ることなく物見塔にいるだけで受刑者のようすを観察できるから楽であり、看守の人数も極端に減らせるから国家財政にも資するところが大きい。パノプティコンとは、直訳すれば一望監視刑務所という意味である。それに、ここだけの話だが、どうせ受刑者には看守の姿は見えず、本当はいなくても受刑者たちは架空の看守の視線を感じて、逃げ出そうなどとは考えないはずである。

なるほど、いいことだらけだが、ベンサムのパノプティコン構想は結局実現しなかった。イギリス政府は建築を計画し、ベンサムに詳細な設計まで依頼したが、その建設費が莫大な金額にのぼることから断念せざるを得なかった。実は、ベンサムはこの契約の不履行の保証金も政府から受け取っており、抜け目のなさをうかがわせる。

私たちにとって重要なのは、パノプティコンがベンサムの社会観の縮図であり、彼の規律的社会という考えを理解する助けになるということである。あえて言うなら、パノプティコンに閉じ込められた受刑者とは実は私たち一人一人のことである。社会を構成する人々の中には、他人に見つからなければ自分の利益を追求するあまり、法を犯す人間もいる。また、普通の人でも、なんとか法を自分に都合よく適用してもらって利益をあげたいと考えるだろう。しかし、法の厳密な運用とそれを犯した者に対する処罰がなければ、社会の秩序は守られない。犯罪者を見つけ、刑務所に入れたり罰金を取ったりすることで為政者や法律家は何をしようとしているのだろうか。ベンサムによると、そのような犯罪と処罰のくり返しによって社会を訓練しているのである。社会を訓練するとは、社会を構成する私たち一人一人の内面に法を植え付けるということである。具体的には、各人の中に法を犯そうとする自分を止めるもう一人の自分を生み出させるということである。そのようなことが完全にできた社会では、もはや法がなくとも秩序は常に守られるであろう。ベンサムはそのような理想を規律的社会と名付けた。

法律家だからだろうか、それとも、生来の性格だろうか。重なりあう時代を生きながら、スミスの性善説に対してベンサムは性悪説に立つようである。スミスは共感の感情とそれを人格化した公平な第三者を私たちは心の中に持っていると考え、社会秩序は基本的に自然に保たれると考えた。ベンサムは本来人間は他人を犠牲にしても自分の利益を追い求める本性なのだから、社会秩序を守らせるために法による訓練が必要であり、それを通して初めて、各人の中にパノプティコンの架空の看守のような良心を植え付けられると考えていた。

努　力	1	2	3	4	5	6
満　足	10	15	19	22	24	25
苦　労	2	3	5	8	12	17
満足－苦労	8	12	14	14	12	8

満足の増加	5	4	3	2	1
苦労の増加	1	2	3	4	5
満足－苦労の増加	4	2	0	－2	－4

†ベンサムと経済学の基本

実は現代経済学の考える人間像もベンサムの快楽と苦痛とを計算して合理的に行動する人間という考え方に端を発している。というより、経済学の決定法は常に快楽と苦痛のプラスの差額の最大化という形をしているのである。

今、あるサラリーマンが仕事での努力水準によって、その仕事から得る収入による満足と仕事に伴う苦労とが表のように変化するとしよう。このとき、このサラリーマンは努力水準をどこに決めるかという問題である。一番上の表から明らかなように、徐々に努力水準を上げていくこのサラリーマンは努力水準を四にするだろう。なぜなら、このとき満足から苦労を引いた差額が一四で最大になり、努力水準をそれ以上に上げても差額は落ちていくからである。

このような結果になるのは、努力水準が上がれば成果も大きくなり、満足も増えていく一方で成果の伸びが頭打ちとなって満足の増加幅も徐々に小さくなるからであり、努力水準が上がると苦労も多くなる上、その苦労は加速度的に増加していくからである。

こうした満足と苦労の増加の変化のようすを表したのが下の表だが、ここでちょっと面白い性質に気づく。このサラリーマンの選ぶ努力水準四のところで満足の増加の具合と苦労の増加の具合が等しくなっているのである。このように、満足の増加と苦労の増加が等しい値をとったときに、満足の純額が最大になるのは、経済学では重要な性質である。よく見かける需要曲線と供給曲線の図に代表されるように経済学では、右上がりの線と右下がりの線が交わることで、満足が最大になるようなバランスを表わすが、あれらは全て今の話と同じと考えて差し支えない。

4 アソシエーション

Mill, *Principles of Political Economy.*

ミル『経済学原理』1848年

†作られた天才？

ジョン・スチュアート・ミルは、あまりにも賢くあまりにも包括的に語ったためにある意味で影の薄い思想家である。だが、彼の革新的でありながら温和な考えは現代だからこそ十分に見直される価値があるのではないかと思う。

ミルは一八〇六年、ベンサムの友人であった経済学者ジェームズ・ミルの長男として生まれた。ベンサムの合理主義精神にいたく心酔し、ベンサム自身の英才教育のことも知っていたであろう父ミルは、愛する長男により徹底した英才教育を施した。三歳から始まるこの英才教育でミルは、ラテン語、ギリシャ語の語学に始まり、政治学、歴史学、論理学、経済学を修得した。その後、未だ一〇代のミルは父の監督の下、イギリス東インド会社の書記として収入を得ながら、文筆活動を開始した。だが、その矢先、二〇歳の時に彼は躁鬱病を煩ってしまう。みなさんはこの精神病の原因をどう考えるだろうか。自分が父の思い通りに設計され作られたピノキオではないかという強迫観念と、それでも、父に逆らえないジレンマが彼を精神病に追い込んだような気が私にはする。言ってみれば、早熟な天才少年のえらく遅い思春期の訪れということだろう。

彼は自らこの危機から逃れるために、それまでとは違い詩や小説などの文学に親しみ始める。当然その中に現れる恋愛にも、うぶなミル青年は憧れを抱いたであろう。ちょうどそのとき、ミルの前に現れたのが、年下のハリエット・テーラー夫人であった。この女性とプラトニックな交際を二〇年も続けたのちにミルは、彼女の夫の死によってやっと結婚をすることが許された。

精神的な充実の中で、思想の面でも経済学の面でも代表的な著作をミルは発表することになる。『経済学原理』が出版されたのはちょうどこの時期、一八四八年のことである。ところが、一八五八年には愛妻ハリエットが病気で還らぬ人となる。ハリエットはミルにとって単に人生の伴侶というだけではなく、あるときは文学の師であり、あるときは女性解放をめぐる議論の討論仲間であった。そうした意味でのパートナーを失ったミルはひどく落ち込んだが、養女ヘレンたちの励ましは再びミルを言論の世界へ向かわせた。ミルは下院議員となり、婦人参政権の確立を訴えるとともに、新大陸諸国の独立運動やアイルランド問題をめぐって世論との対立も辞さない論陣を張った。だが、この活動は下院議員に地元の利害代表を求める有権者には理解されず、彼の政治家としての活動は一期で終わる。

引退後も旺盛な文筆活動を続けたミルだったが、一八七三年、ハリエットのお墓のあったアヴィニョンに滞在したまま、その地で没した。信念と純愛を貫いた一生と言えるではないか。

✝自由と社会秩序

ミルは、その父親が経済学者であると同時にベンサムの友人であったことから、自分の思想的立場を、スミスからリカードへと受け継がれた経済学をベンサムの功利主義と調和させて体系化することであると自覚していた。その場合、社会の自然な法則を見つけるというスミスらの経済学の伝統に対しては社会を意識的に改良するというベンサムの見解を補うことになろうし、ベンサムのあまりにクリアで冷徹な感じさえ与える功利主義に対してはスミス的な共感という利他的感情を補うことになろう。実際、ミルの考えはそれを具体化するものであった。

ミルは『自由論』という書物をまとめていることからも分かるように、個人が社会の中で持つ一番重要な権利を自由と考えていた。これはスミスからもベンサムからも受け継ぐことができる、個人が他人から干渉を受けることなく内面の良心と理性だけに基づいて自律的に行動できるべきであるという考え方がミルの根底にあるということである。ミルの生き方自体、世論や慣習、世の風潮ということに左右されるのではなく、どんなに少数であっても自分の見解を堂々と表明するものであったわけだから、言行一致と言えるだろう。また、ミルが女性解放運動を指揮し、黒人暴動やアイルランド独立運動の擁護にまわったのも、少数者の自由という観点から理解できるだろう。

この自由が保証されることで、人々は経済活動を含む社会活動に意欲を持ち、活気ある社会が形成されるのである。ミルは哲学的急進派と呼ばれ、文筆活動においては社会主義を標榜するようになるが、その場合の社会主義は個人の自由を奪うものであってはならないと明言している。現実の社会主義をめざした体制が、個人の自由を奪ったことによる労働意欲の低下を遠因として崩壊したことを知っている私たちにとっては、実に予言的に聞こえる言葉ではないか。

しかし、人々は自由に判断し、自立的に行動していいとは言っても、社会には一定の秩序がなくてはならないし、ある仕組みの中で運営されていかなくてはならない。ミルの場合、自由な意見や行動と社会の秩序を両立させるのは人々の話し合いに基づく合意である。合意を積み重ねながら進んでいくことによって、社会をみんなで運営していくことができる。ミルによれば経済という活動もまた、こうした合意の積み重ねからできている。市場に買い手と売り手が集まって値を上げたり下げたりしながら折り合いのつく価格を探すという作業もこうした合意形成そのものに他ならない。市場のメカニズムと言っても、ミルの目にはメカニズムというような機械的なものではなく、売り手と買い手がそこで相手の思惑を学び自分の行動を変更しながら合意形成に至るプロセスと映っていたわけである。

ミルによれば、経済学といってもスミスやその後継者であるリカードが言ったように、物理学のような客観的な法則を社会の中に探す営みではない。確かに経済学の扱う対象には、生産や流通に関わる部分のように人間にはどうしようもない自然法則のようなものもある。たとえば、現在の技術水準ではこれらの鉄とセメントからはこれだけの広さの建物しかできないとか、あの町まで三〇〇箱の製品を運搬するにはどうしてもこれだけの輸送時間と輸送コストがかかってしまう、というようなものである。このような技術的・工学的な部分は人間には左右できない法則性を持つだろうが、経済活動の成果の分配はこれとは全く違っているとミルは言う。分配をどのような基準で行なうのか、所得の平等さはどの程度が望ましいのか、そのようなことは人間社会の制度の問題であり、私たちみんなが知恵を出し合って一番よいと判断されるやり方を考えていかなくてはならないとするのである。ベンサムの場合であれば、そのような最適な分配の在り方も人々の満足の純量を計算し比較することで確定できると考えていたのだから、功利主義を受け継いだと言っても、ミルのそれはベンサムと少し違うことが分かるだろう。

†望ましい経済と経済組織

ミルは極端なお金持ちや極端に貧しい人がいない分配が望ましいと考えていたし、ある程度平等な分配である方が人々がその意欲を刺激されて生産も大きくなるだろうと考えていた。そして、ミル自身の生きている市場経済よりも人々の意識的な調整や管理によって分配を決めることのできる社会主義の方が望ましいと考えていたのである。しかし、社会主義と言ってもいろいろあることは注意しておかなくてはならない。イギリスは経済の進歩も早かったため、社会主義に関する考え方も早くから現れていた。その特徴としては、みんなの話し合いのもとに財産の社会化を徐々に進める路線であり、生産の単位ごとの自由な決定が許される経済制度を主張するということがあった。ミルの社会主義に関する考え方もまさにその流れを汲むものであり、ミルはそのような経済活動の単位をアソシエーションと呼んでいる。彼は、工場を共有してアソシエーションで管理することや土地を共有化してやはり農業アソシエーションで運営することを主張していた。いわば労働者自主管理のような仕組みだが、ミルはこれによって、自分の意見を経営に反映できる従業員一人一人はやる気を出し、むしろ社長や重役があれこれ命令を出す仕組みよりも生産効率も上がると考えていた。私などは、かつての日本型経営と呼ばれた仕組みはこのアソシエーションに近かったのではないかと考えている。不景気と低成長の中で日本型経営のメッキは大分剝げてしまったが、少なくとも高度成長期のサラリーマンの心の中では自分を会社と一体化し、会社の繁栄と自分の出世を夢見てひたすら会社のために働いていたのではないだろうか。こうした猛烈サラリーマンの努力によって日本の企業は高い生産性と高成長を実現してきたのである。

しかし、ミルのアソシエーションの目的はもちろん会社が大きくなることとそれ自体ではない。高い生産効率でたくさんのものを生産したそれぞれのアソシエーションは、互いの生産物を交換し合い、従業員がある程度平等に分け合った所得でもってそれらを購入し豊かな消費生活をおくるのである。その生活から得られる満足こそが社会の目的であるという功利主義はミルの場合も貫かれている。

とはいえ、ミルはベンサムの功利主義をあえて批判する。ベンサムは幸福にも高い幸福と低い幸福があるとか、不幸にも深刻な不幸と軽い不幸があると思っているのは私たちの錯覚であり、幸福や不幸は必ず一定の単位で集計できると考え、それによって徹底した快楽計算を主張することができた。だが、ミルは、人間の満足には数値的には比較できない質の違いがあるとしたのである。いかにも、高尚な生き方を純粋に追い求めたミルらしい考えだが、そうであれば私たちはより質の高い文化的で精神的な豊かさを求めるべきだということになる。それは、物質的な豊富さをある程度前提にするが、あくまでも生活を時間をかけてゆったりと享受することの方に重点を置く生き方であろう。だからこそ、ミルの場合は効率や成長ではなく、いかに自由な時間がたっぷりあるかの方が重要なのである。

経済学はいかに経済を発展させ、一人一人の物質的な生活水準を上げるかを考えてきたが、そうではなく、いかにゆったりと豊かに生きるかを考えるべきであるというのがミルの主張していることなのである。だから、ミルは、将来経済が停滞し横這いになる時代が来ても、私たちはそれを歓迎すべきであると言う。なぜなら、私たちはそのとき必要なものは十分に手に入れている上、それ以上あくせく働くことはいらないのだから、絵を描いたり詩を作ったりスポーツをしたりと、多くの時間を文化的に費やせるからである。そのように、豊かに成熟する社会は確かに望ましいではないか。

†逆淘汰と市場の限界

ミルは、市場と言っても機械的なものではなく、そこで売り手と買い手が思惑を伝え合い交流することが何より重要であると信じていた。確かにそうなのであって、現代経済学でも市場における情報伝達の重要さは逆淘汰の問題として知られている。

英語でアドバース・セレクションというこの考えは、日本では逆淘汰の他にも逆選抜とか逆選択と訳されているがどれも同じことである。

今、中古車の市場を考えることとし、上の図のように売りたい人と買いたい人の思惑が供給曲線と需要曲線で表わされているとしよう。供給曲線が右上がりであることは値段が高ければ売りたい人も多くなることから、需要曲線が右下がりであることは値段が高ければ買いたい人は少なくなることから、直観的に納得できると思う。しかし、もう少し理屈っぽく言えば、前の章で見た満足の増加が頭打ちになっていくことと苦労の増加が急激になっていくことから説明できる。車の購入数が増えると、個人でも新しく追加した一台から受ける満足は下がっていくだろうし、社会的にも最後に買うのはあまり車を評価しない人だろうから、評価を表わす価格は小さくなる。これが需要曲線が右下がりの理由である。一方、車の販売数が増えると、売れる車を探すためのディーラーの苦労は大きくなるだろうし、社会的にも高く買い取らないと手放してくれなくなるだろうから、高い価格をつけなくてはいけなくなる。これが、供給曲線が右上がりの理由である。

ちょうど、社会全体で見た満足の増加と苦労の増加が等しくなるところで折り合いがつくというのが、需要曲線と供給曲線の交点で市場がバランスすることの意味であるが、このときに社会全体の満足の純額が最大になっていることも前章で見た通りである。

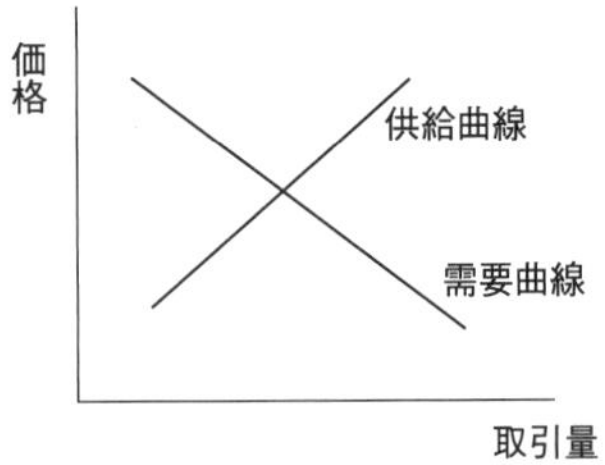

ところで、今、中古車にはいいものと悪いものの二種類があり、ディーラーの方は扱っている中古車の品質をよく知っているが、お客さんの方はその中古車がいいものか悪いものか分からないという状況を考えよう。すると、図のように、ディーラーはハッキリといいもの、悪いもので別の供給曲線に基づいて値段を言えるが、お客さんの方はいいもの、悪いものの中間の需要曲線に基づいて値段を言うしかないのが分かるだろう。すると、それぞれの交点でいい車、悪い車の価格がつくが、いい車であった場合の価格は、その車をディーラーに売った人が本来手に入れられた上の点線との交点の価格と比べるとずっと低くなっている。逆に、悪い車であった場合の価格は、その車をディーラーに売った人が本来それで我慢しなくてはならなかった下の点線との交点の価格と比べるとずっと高くなっている。こうして、いい車の持ち主はディーラーに車を売らなくなり、悪い車の持ち主はどんどん売るので、市場からは品質のよい品物が追い出され、品質の悪い品物だけが残るのである。

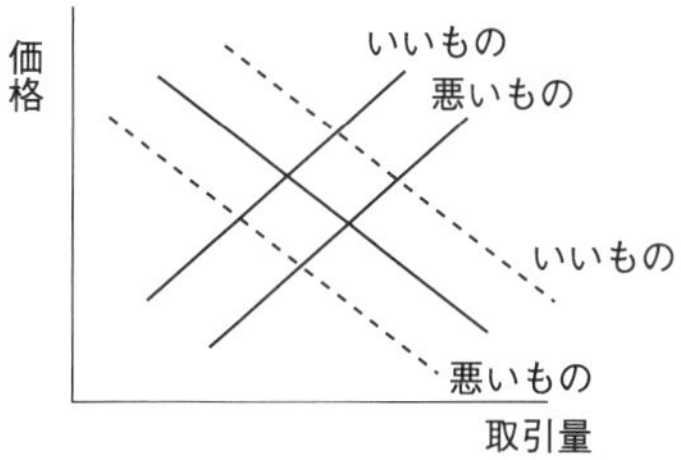

同じ理屈は、昔、グレシャムの法則の名で金貨の流通についても語られた。悪貨は良貨を駆逐するというこの現象は、たとえば、小判を持っている人が次にそれを支払うときに、できるだけ擦り減った小判やできるだけ金含有量の少ない小判から使うということによって起きるのだが、原理は先ほどの話と同じであることがお分かりいただけるだろう。

5 踊る机

Marx, Das Kapital.

マルクス『資本論』1867年

†偉人か悪魔か

現代においてマルクスほど評価の難しい思想家はいないであろう。つい最近まで社会主義国では神様のように扱われていたにもかかわらず、今日その思想をそのままに信奉する人を見つけることは難しい。マルクスの思想に基づいて起こされた革命運動と社会主義建設のためと称する強制労働によって多くの人命が失われた事実もある。もっとも、人の著作の解釈にはいろいろあり得るのだから、どのマルクスが本当のマルクスかという議論は続いていくだろう。しかし、かつての人気を一気に失ったという意味で、マルクスは現代においても希有の思想家である。

マルクスは一八一八年、ドイツのトリーアという町にユダヤ系の弁護士の息子として生まれた。そのためボン大学の法学部に進んだが、法律よりも思想に興味を持っていたマルクスは、すぐにベルリン大学、さらにイエナ大学に移って哲学を学んだ。卒業論文として彼が題材に選んだのは古代ギリシャの自然哲学であった。マルクスは大学卒業後、ライン新聞という地元新聞の記者となるが、そこでこれまで村の入会地として使われてきた山林が商業的に開発されている問題を取り上げるうち、市場経済の矛盾に目を開かれ、社会主義者となっていった。当時のドイツには青年ヘーゲル派と呼ばれる急進的な思想家の集団があってマルクスも当初は彼らと連絡をとりながら活動していた。しかし、やがてマルクスは青年ヘーゲル派の中にある観念的な色彩に幻滅を感じていく。ちょうどそんなときに人づてに知り合ったのが、終生の同志となるエンゲルスであった。エンゲルスは父から受け継いだ工場を経営する傍ら経済学の研究をする若き実業家だったが、マルクスに経済学の勉強を勧めることになる。やがて、マルクスの考えにキラリと光るものを感じたエンゲルスは、自分の工場を整理して自分とマルクスの年金を確保するとともに、マルクスの思想形成を援助する決心をする。いわば、二人は思想における共同事業を始めたのであった。

ドイツの保守的な土壌を嫌い社会主義思想の先進地であったフランスに移って活躍していたマルクスは、ちょうどその頃勃発したドイツの三月革命に呼応して『共産党宣言』というパンフレットを発表し、独自の社会主義を追求する宣言をする。それは、経済学の知識に裏打ちされ、現実の状勢を踏まえた科学的社会主義を標榜するものであった。理想社会を描くことだけに忙しかったそれまでの社会主義思想を、彼らは批判的な意味でユートピア社会主義と呼んだのである。

だが、彼らの派手な活動は警察のにらむところとなり、マルクスはベルギーを経てイギリスに移る。イギリスは当時の先進国だけあって、多様な思想に寛容であったし、マルクスにとっては大英博物館の図書館で膨大な経済学書を読む機会が与えられたことが何よりだった。マルクスはそこで当時としては最先端の経済学を独学で勉強し、彼の思想を折り込んだ市場経済批判の体系を作り上げる。そして、その書は一八六七年に『資本論』第一巻として出版された。

マルクスはエンゲルスからの補助以外にはアメリカの新聞などへの投稿で生計を立てていたが、決して恵まれた経済環境ではなかった。その生活の中で、もともとは貴族の生まれである妻や子供を病気で失っている。社会主義革命のための大義に生涯を捧げたと言えば聞こえはいいが、はたしてそれで彼自身納得していたのだろうか。

マルクスの晩年にもヨーロッパ社会は大きく変動し、プロシアに占領されたパリでは一八七一年、労働者の自治が一時成立した。マルクスは執筆活動の傍ら、ヨーロッパ各地の集会で演説をするなど精力的に動き回ったが、もちろん社会主義の到来を見ることなく、一八八三年に病気で亡くなっている。

一方、エンゲルスは、マルクス没後、マルクスの原稿を整理・編集して『資本論』第二巻と第三巻を完成させている。また、母国ドイツでの社会主義思想の高まりとともに結成された社会民主党の顧問として多忙な晩年をおくった。

彼らの考え方に基づく社会主義国が建設され、そして崩壊していった二〇世紀の歴史を知ったら彼らはどのような感慨を漏らすだろうか。

†フェティシズムと魔法にかかった世界

フェティシズムという言葉がある。特定の品物を崇拝しありがたがる原始の信仰を表す言葉だが、今日ではある種の性的な倒錯者にも使われるから聞いたことがあるかもしれない。マルクスはまさにこの信仰、倒錯の意味で、今日の経済はフェティシズムに冒されていると考える。

どういうことなのだろうか。今ここに一脚の椅子があるとしよう。この椅子はもちろん座るためにあり、丈夫で長もちするようにニスを塗って釘で仕上げてある。材料は暖かみがあるように木が使われている。なかなかいい椅子なので自分の書斎に置きたいくらいである。と、ここまで考えた私たちは次に何を思うだろうか。当然のように、この椅子はいくらなのだろう、安ければ買っていこうかな、と考えるはずである。つまり、椅子は座るための道具としての顔の他に、商品としての顔を持っている。そして、その商品としての顔はお店の人にとっても買い手にとっても、誰かの書斎に落ち着くまでの間はずっと一番重要な顔なのである。

たとえば、その椅子が一万円だったとしよう。言い換えればその椅子は一万円の価値を持っている。しかし、その一万円の価値は椅子をどんなにひっくり返しても見えることはなく、物としての椅子はあくまでも座るための道具としてそこにあるだけである。つまり、椅子の一万円という価値は私たちの心の中にだけある観念的なものであるが、私たちの市場経済ではその顔の方が重要なのである。マルクスはこのことを、椅子の頭から奇怪な幻想がくり出されると文学的に表現している。死者の霊魂を降臨させるという降霊術の会場でのように、机や椅子が頭で立ってクルクル回り出したら、私たちは目を疑い何が起きているのか理解できないだろう。だが、マルクスに言わせると私たちの社会とはそのような魔法にかかった社会なのである。

椅子を作っている家具会社の人たちは、誰もその椅子に自分で座ろうと思って作っているわけではない。彼らは椅子の物としての姿ではなく、一万円の価値を持つ商品の姿だけを見ているのである。原始社会の人々が一本の木切れに神様が宿っていると言って祠《ほこら》に祀るように、私たち市場経済に生きる人間も、椅子には一万円の価値が宿ることを信じて暮らしているのである。なるほど、確かにフェティシズムかもしれない。しかし、このフェティシズムは理解しただけで目が覚めるような生易しいものではない。このことは、お札がいくら単なる紙切れに過ぎないことが分かっても、私たちの中からそれをありがたがる気持ちが失せないことを考えれば理解できる。マルクスによれば、この魔法から覚めるためには社会そのものを変革しなければならないのである。

†疎外と搾取

では、なぜフェティシズムの世界は問題があるのだろうか。椅子を物としての椅子ではなく、一万円の価値として見るとき、私たちは自分が座る椅子が一脚あるからといって満足しなくなる。逆にどんどん椅子を生産したり手に入れたりすることで価値を自分の手許に集めようとするだろう。そうすれば、椅子と交換で必要なものを何でも手に入れられるかもしれない。普通、このようにして私たちが遮二無二集めるものはお金である。実際、お金は商品の中の商品、価値の貯金箱なのである。

こうして、お金を集めることが経済活動の目的になると、私たちはフェティシズムの力によって、手段を選ばずお金を殖やすことに追い立てられるようになる。家族のために遅くまで、そして、日曜返上で働いているとお父さんは言うが、果たしてそうだろうか。結局は、お金儲けの魔法に駆り立てられ自分と家族を犠牲にしているのではないか。このような在り方をマルクスは疎外と呼んだ。難しい漢語だが、ドイツ語の本来の意味は自分を見失うということである。仕事中毒の多い日本人には耳が痛いではないか。

また、お金を少しためた人はそのお金を使ってお金を殖やそうと事業を始めるだろう。一旦事業を始めると、できるだけ出費を切り詰めて利益を大きくしようとするのは当然である。一方元手になるお金がない人は、事業を始めた人に雇われて給料をもらって生活をすることになる。これが市場経済の基本的な仕組みであることは言うまでもない。だが、雇用者と被雇用者の関係は契約上は対等と言うが、実際にそうでないことはよくお分かりだろう。なぜなら、被雇用者の方は契約を破棄した段階ですぐに生活に困るからである。そのため、雇用者は従業員をできるだけ働かせて、給料をできるだけ減らそうとして、強い態度に出がちである。こうして、従業員は自分が働いた分だけの正当な報酬を得ていないのではないか、社長がかすめ取っているのではないかと感じる。マルクスはこのことを搾取と呼んだ。またまた難しい漢語だが、ドイツ語のもともとの意味は野球のスクイズ、レモンのス

利益率
30／770＝約0.039

「搾取率」
30／200＝0.15

クイーズとおなじ搾り取ると言う意味である。

†利潤の原因

企業のあげる利益を経済学では利潤と呼び、売り上げから人件費や原材料費、金利等を払った残りとされている。企業はそれを株主に配当として配ったり、一部は新しい機械を買ったり工場を増築したりする資金として使うのである。だが、この利潤はどうしてあげられるのだろうか。もちろん企業の方々ががんばっているからなのだが、理屈としてはどうなのだろうか。

今、図のように人件費二〇〇万円、原材料費五〇〇万円、機械の磨耗分の積み立て七〇万円で毎年営業し、八〇〇万円の売り上げをあげている会社があるとしよう。このとき利潤は三〇万円であり、利益率は約四％である。だが、図を見ていて少し不思議な気はしないだろうか。労働にも原材料にも機械にも使った分だけの報酬を支払って生産をしたはずなのにどうして三〇万円の余分が出るのだろう。生産の現場に何

労働	もうけ	原材料費＋機械の摩耗分	利益率
300	45	1140	約0.031
400	60	1710	約0.028
500	75	2280	約0.027

か秘密があるのだろうか。

すでに述べたようにマルクスはその秘密を搾取に求めた。マルクスによると、実は従業員は二三〇万円分働いているというのである。ところが支払いは二〇〇万円だから三〇万円が搾取されていることになる。搾取率は一五％である。マルクスによれば、これこそが市場経済を成り立たせている重要なからくりなのである。

だが、そもそもこの工場の機械はどこからやってきたのだろう。二〇年前にこの会社を始めるときに株主が購入した機械がこの工場の営業を支えてきたのである。たとえば、最初購入した機械が二〇〇〇万円だったとする。株主は二〇年前に二〇〇〇万円をこの会社に委ねたのである。株主がその二〇〇〇万円を銀行に預けようとすればできたのにそうしなかったのだから、株主には預金の金利に等しい報酬が毎年与えられてもいいはずである。金利が一・五％だとすると、二〇〇〇万円につく金利はちょうど三〇万円になるのである。

マルクスは機械を所有しているだけで不労所得が得られる仕組みがそもそもおかしいのだと反論するかもしれない。だが、マルクスによる次の理屈は事実によって否定された。

上の表を見てもらいたい。搾取率が一定のまま会社が成長していくと、人件費と儲けは比例して増えていくが、その増え方以上に機械が多くなっていったとしよう。

すると表のように年々利益率は低下していく。マルクスは市場経済の発展はどんどん人を機械に置き換えることで進んでいくから、やがて会社が維持できないところまで利益率が低下して市場経済は崩壊すると予言した。そして、その後は社会主義がやってくると考え、こうした歴史観を唯物史観と称したのである。だが、歴史の教えるところによると、マルクスの時代以降現代まで、企業の利益率はほぼ一定を保っているようである。これは言うまでもなく、機械を人に置き換えるときにより生産性の高い機械を入れてきたからであり、それによって労働生産性が着実に上がり、マルクスの搾取率も上昇してきたのであった。マルクスの強烈な思想も歴史の前にはかなわなかったということだろうか。

6 国民生産力

List, *Das nationale System der politischen Oekonomie.*
リスト『経済学の国民的体系』1841年

†ちょうど日本の裏側で

幕末の日本についてみなさんはどのようなイメージをお持ちだろう。国営放送の大河ドラマでもとり上げられるから、何となく分かると思うが、幕府という大きな組織の下に半ば独立したたくさんの藩があったのはご存じだろう。日本の場合、明治維新と近代国家への歩みは、徳川将軍を中心とした幕府の手によってではなく、西南諸藩の手によって始められた。薩摩藩と長州藩である。ただ、最後の最後まで幕府が中心となって近代化を進めるという案も消えなかった。結局は実効性のある軍事力と行動力にまさった薩摩・長州が幕府を打ち破って統一国家を建設したのである。ドイツの場合、幕府に該当するのがオーストリアという国であり、薩摩・長州に当たるのは、日本と違ってドイツの東北部にあったプロシアであった。プロシアは軍備増強と上からの近代化によって歴史と伝統を誇るオーストリアを上回る実力をつけ、最後に勝利したのである。その結果、オーストリアを除くドイツの諸邦がプロシアの下に統一され、ナポレオン三世を破った勢いをかって、一八七一年、フランスのベルサイユ宮殿でドイツ帝国の成立が宣言されたのである。日本の明治維新が一八六八年だから、ちょうど地球の裏側で同じような歴史のドラマが展開されていたわけである。いずれにせよ、政治的・軍事的な対立によってドイツはオーストリアという重要な一部を失ってしまった。同じドイツ語を話す人々が二つに分かれて国づくりをすることになったのである。

この事態を誰よりも憂えたであろう人物が、フリードリヒ・リストである。リストは一七八九年、ドイツのヴュルテンバークという町でなめし革の加工業を営む家に生まれた。小さい頃から弁の立った彼は、自分の生まれた領邦国家の議員に選ばれるとともに一八二〇年にはチュービンゲン大学の教授となっている。だが、行政の改革を声高に訴えた彼は逮捕され、ドイツからの出国を条件に追及を免れた。一八二五年にアメリカに移ったリストは、最初は農場で働いていたが、やがてドイツ語の新聞を発刊して財をなし、炭鉱と鉄道の経営も行なった。当時大統領選挙を戦っていたジャクソンに肩入れしたリストは、その功績で駐ドイツのアメリカ領事に任命されて帰国を遂げる。彼はドイツで鉄道建設の事業を大々的に開始するが、金銭的なスキャンダルに巻き込まれて再び国外に脱出する。フランスに滞在後、ドイツに戻った彼はそれまでの主張を理論的にまとめた『経済学の国民的体系』を一八四一年に出版した。リストは経済的な発展のためには大きな市場圏とその市場圏のなかでの自由な取引が必要であると考え、ドイツ語を話す人々のいる大きなドイツ圏が経済的に一つにまとまることが大切であると考えた。そして、イギリスなど先進地域から安い製品が入ってきて経済圏を支配されることを防ぐために、ドイツは関税同盟という形にまとまり、その中で自由な取引をして発展していくことを提唱したのである。そして、広いドイツ関税同盟を一つに結ぶために鉄道網の整備をも提唱した。

リストにとって、この関税同盟の結成は話し合いにより平和的に行われなくてはいけないものであった。同じ国民が血を流して戦うことは避けなくてはならないし、何よりも戦争によって市場が分断されることは損失だったからである。リストは関税同盟結成のための国民会議を設立し、民主的にその構想を押し進めようとしたが、この問題を取り巻く政治的な思惑が彼を苦しめた。リストは政治的に微妙な立場に置かれてしまい、その後を絶望するようになる。そして、彼は、一八四六年、自らこめかみに当てたピストルの引き金を引いたのであった。

†現代もリストの時代？

現代においても、いろいろなかたちで経済圏づくりは盛んである。その意味で現代もなおリストの時代は続いていると言っていい。リストの構想した関税同盟も、その内部には自由市場の理想を抱えていた。ただ、外国に経済的に太刀打ちできない脅威があるとき、関税というかたちで守り合いながら共存共栄をしていこうというのである。

アメリカが関税撤廃や市場開放要求をしていながら他方でＮＡＦＴＡやＡＰＥＣ等の経済圏を作っ

ているのは矛盾していると思う人も多いかもしれない。だが、少なくともアメリカ自身の理屈はこうである。現代において自由な貿易、自由な投資が大切であることは言うまでもない。しかし、残念ながらまだまだ多くの国が関税による貿易の制限や外国からの投資の制限をしているのが現状である。アメリカは断固としてそれらの自由化を押し進めていく。しかし、諸国にはさまざまな事情があろうから、一律に、一挙にというわけにはいくまい。そこで、アメリカは世界にいくつかの自由経済圏を作り、その中で貿易と投資を自由にすることで、徐々に世界中がそうなるようにしていきたい。

だが、カナダ、メキシコと共に作っているNAFTAによって、アメリカ製品が隣接する国境を自由に越えられるようになれば、アメリカが両地域で、まだ関税が残っている日本やEUよりも有利に商売ができるようになることも事実の問題として明らかだ。実際、アメリカは北米・南米に広がる自分の市場をNAFTAによって守ろうとしているのではないかという見解も多い。

APECについても、大平洋を取り巻く諸国の間で緩やかに自由貿易を促進していこうという団体として発足したにもかかわらず、アメリカはこれを経済圏化する方向でリーダーシップをとるようになった。この動きを特に警戒していたのはアジア諸国であった。自国の経済をアメリカに牛耳られることを警戒したのである。だが、アジアが高成長を遂げている時期にはアメリカの推進する自由貿易と投資の自由化はアジア諸国の利害とも一致していた。アメリカがアジアの製品を吸収してくれる自由な市場となっていたし、アジア諸国が国内に工場を建設するための資金がアメリカ本土から大量に投資されたからである。しかし、今日の経済危機がそれらアメリカからの貸付資金の引き上げによって起こると、国際的な資金移動について投機的なものには歯止めをかけるべきだというアジアと、あくまでも自由な資金移動を主張するアメリカとの間で溝が深まっている。

ＡＰＥＣの動きに一番警戒感を感じたのはヨーロッパ諸国であった。ヨーロッパは各国の経済統合の動きを一気に進め、ＥＵを結成することになる。これは文字通りの経済圏であり、一つのヨーロッパという古くからの理想を実現するものと謳われたが、リストのドイツ関税同盟の現代における再現と言っていいだろう。

スミスの天使という言い回しが経済学にはある。アダム・スミス以来経済学は自由貿易を主張し、自由貿易こそが世界全体から見たときに人々の利益を最大にするということを論証してきた。しかし、天使が地図にふうっと息を吹きかけて国境線を引いたらどうなるだろう。そこでは、もはや自由貿易の理想は成り立たず、各国が他国に先駆けて自国の利害を競い合う戦略的行動が現れるのである。自由貿易が一気に実現するのであれば理論通りである。しかし、自由貿易について総論賛成であっても、自由貿易が実現するまでのあいだは、自国の利益の取り分を大きくするように働く余地はあるということなのである。

†相対性と類似性

リストの関税同盟の主張の背景には、当時主流であったアダム・スミスの経済学への鋭い批判意識があった。アダム・スミスはあたかも経済学の法則性がいかなる国のいかなる時代にも成り立つかのように述べている。そして、その法則性だけを取り上げるが故に、交換や流通の側面だけを重視して、生産という国民の特性やその時点での能力が反映される分野を見ないのである。

リストはこう述べて、このスミスの経済学と真っ向から対立する経済学の方法を主張する。経済法則の具体的な現われ方は国によっても違うが、各国の経済進歩の仕方には類似性があることも事実である。それらを観察によって取り出すことで経済の法則性が取り出せることは否定できない。だが、何より重要なのはその法則が物理法則のように不変のものではなく、時代によって変化していくものだということである。各国は時期をずらしながら同じような発展段階を通って経済成長を遂げていくのであって、それぞれの段階には特有の法則が成り立つ。法則そのものが歴史の中で相対的なものとしてあるのである。したがって、当然ながら時代に相対的な法則を分析することで引き出される政策主張も、いつも自由貿易がいいというものではなく、保護貿易が必要な時代もある。リストによれば、当時のドイツにおいて自由貿易を受け入れることは、イギリスの利害を背景に持った主張に与《くみ》することになる。

それでは、関税同盟による保護主義はどのような効果をめざして主張されるのか。それは、国民の生産力の増強である。アダム・スミスの交換中心の経済学が、現在の製品の価値、今年の国民による総生産額だけを念頭において考えられているのに対し、リストの経済学は将来までの国民の能力、可能性を考えているのだというわけである。今年、自由貿易を許せば、確かに、今年の国内の消費者の生活は自由貿易をしない時にくらべて豊かになるだろう。しかし、それでは、国民の生産、そして所得は未来永劫このままである。今年、あえて関税によって国内の未熟な生産を保護することで、ドイツ国民は生産の能力や技術を身につけられるが、これは今年だけで消えてしまうのではなく、将来にわたってドイツに高い所得をもたらしてくれるのである。リストはスミスの経済学が先進国の立場に立った交換中心の理論であるのに対し、自分の経済学は後進国の立場に立った生産力中心の経済学であるとしたのである。

リストのこの考え方は、少し時間を経てドイツ国内に歴史学派と呼ばれる学者の集団を作り出した。歴史学派は、一八四〇年代のロッシャー、ヒルデブラント、クニースらと、一八七〇年代のシュモラー、ワグナー、ブレンターノらの二世代に分けられる。彼らは歴史の記述と観察から経済現象の中の法則を探るという方法をとり、主流派の経済学の数学的論理に基づく展開とは異なった道を歩んだ。やがて彼らは後進国ドイツの経済発展策のブレーンとして重用されるようにもなり、社会保険や失業対策などの社会政策を世界に先駆けて準備したりもした。ただ、マルクスの社会主義思想に基づく経済分析の高まりの中で徐々に力を弱め、今世紀に入ってナチスの手によって解散させられることになる。

†幼稚産業保護とモラル・ハザード

リストの主張した、幼稚産業保護のための政策は現代経済学から見た場合どのように評価されるのだろうか。日本もかつて貿易促進の政策や通産省による技術導入策によって経済大国の地位まで上り

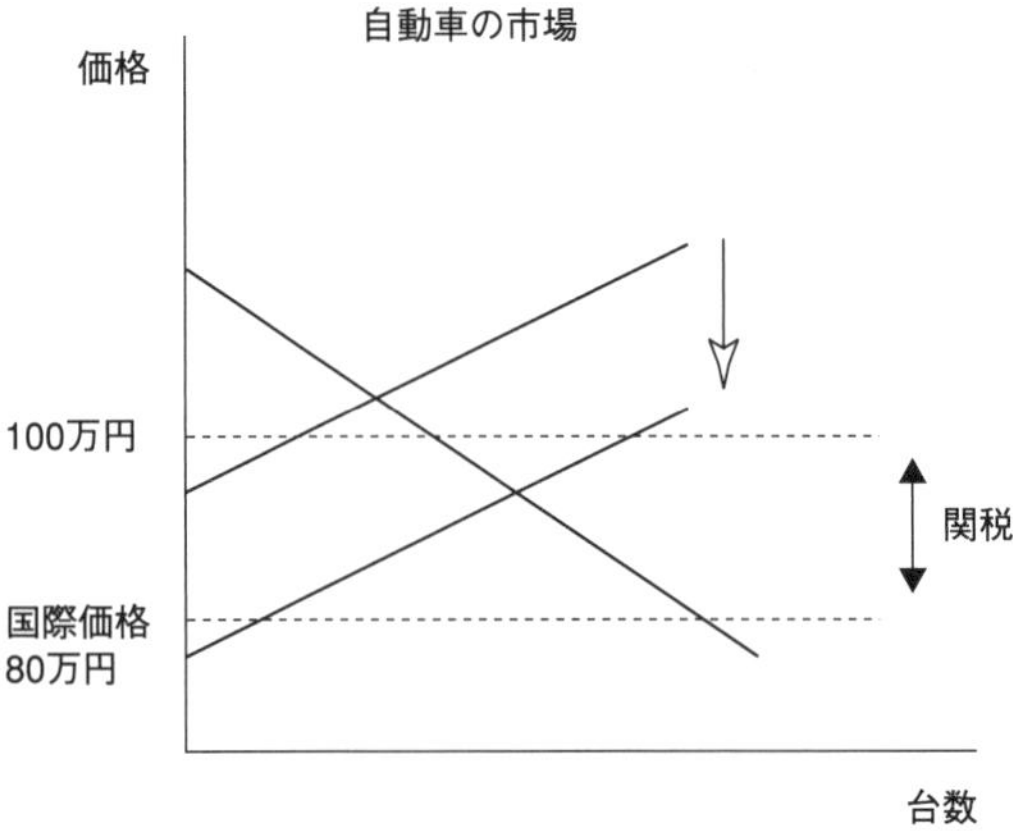

詰めてきた。今日、逆に規制の緩和と自由な競争が必要とされている事態を理解するためにもこのことはヒントになるかもしれない。

日本の自動車産業が未だ競争力がなく、何もしないと国際市場で生き残っていけない状況を考えよう。図を見てほしい。日本国内の消費者の需要曲線と日本のメーカーの供給曲線が引かれている。右上がりの供給曲線が二本あるうち、最初は上の方だけを見てもらいたい。国際価格八〇万円では国内メーカーは全くの採算割れで、存立し得ないことが分かるだろう。したがって、このままでは日本国内に自動車産業は育たない。そこで、今政府が自動車一台当たり二〇万円の関税をかけて国内メーカーを育成する策に出たとする。自動車を国内で売る価格は一〇〇万円でよくなるから、国内メーカーも自動車が売れて存立できることが分かるだろう。だが、国内の消費者にとっては価格が八〇万円から一〇〇万円に上がるために以前に比べて車を購入できなくなり、生活水準が落ちてしまう。ここが保護主義の大きな問題とされるところである。

　だが、こうしてノウハウや生産技術を蓄積した国内メーカーがやがて生産性を改善していったらどうだろう。生産性の改善は図のように供給曲線を下に押し下げるので、十分に生産性が改善されたあかつきにはもう関税を撤廃しても十分に外国メーカーに太刀打ちできるということになる。こうして、国内に自動車産業が成立することで、将来にわたって雇用と所得が確保され、結局国内の消費者の生活状態を長期的に改善するので、関税をかけている間の不利益が補われて余りあるであろうというわけだ。

　しかし、何にしても保護は、保護される側に甘えを生むおそれがある。関税の場合、自動車メーカーは関税によって十分な利益をあげることができるわけだから、金も人手もかかる技術改善をしたがらないことが予想される。全くしなければ、いつまでも関税がかけられ消費者の不利益は続く。努力するとしても、改善に時間がかかれば、関税をかけている間の消費者の不利益を将来の利益で補えないということも起きるかもしれない。このように保護が生む甘えによって社会が不利益を被ることを、モラル・ハザード、つまり、道徳の危機、と呼ぶ。この言葉は、本来保険業界の言葉で、お客さんが保険に入ることでかえって事故に注意しなくなり、保険の支払いが増えてしまうという保険会社のジレンマを表わす用語だった。私たちの日常でも、子供の教育など、モラル・ハザードに注意しなくてはならない事例は多いのではないだろうか。

7
ビジネスとインダストリー

Veblen, *The Theory of Business Enterprise.*
ヴェブレン『営利企業の理論』1904年

†批判者を貫いた生涯

社会や学界に対して批判者として振る舞うのは、その人が望んでそうしているわけではなく、自分の意見に正直に生きたためにやむなくそうなってしまうということかもしれない。だが、それによって、能力のある人の大切な創見が学問の主流に残らないことは、本人の責任か社会の責任かはにわかに言いがたいが、社会にとって損失であることに間違いない。ソースタン・ヴェブレンはそのような生涯をおくったように私には思われる。

ヴェブレンは一八五七年、アメリカのウィスコンシン州にノルウェー移民の子として生まれた。ジョン・ホプキンス大学とエール大学で経済学を修めたのち、大学に職を見つけようとしたがうまくいかず、妻とともに故郷で七年を過ごさなくてはならなかった。その後、三五歳でできたばかりのシカゴ大学の助教授となるが、結局大学当局とうまくいかなくなる。その理由はさまざまに語られているが、本当のところはヴェブレンの反骨とそれを快く思わない人がヴェブレンの女性問題を騒ぎ立てたためであるようだ。彼は当時、自分の浮気が原因で妻とうまくいかなくなっていたのである。その後、スタンフォード大学とミズーリ大学で教えたが、大学に職を得る前の一八九九年に出版した『有閑階級の理論』が売れて論壇では名前を知られていたヴェブレンは、結局、ニューヨークに出て執筆活動に熱中するようになる。ときどき役人や大学教員として働きながら、時論や社会改革についての書物を多く出版した。晩年、ロッキー山脈の山奥、パロ・アルトの山荘に引きこもったヴェブレンは、病を得ていとこの女性一人に看取られて一九二九年、大恐慌後の不景気を見ることなく息を引き取った。

†営利と産業

ヴェブレンは『有閑階級の理論』の中で、人間は自分に必要なものを手に入れたり製作したりして生きなくてはならない宿命にあるが、それに喜びを感じる健全な製作者本能とでも呼ぶべき気持ちを持っていると言う。しかし、その一方で、働くことには苦労も伴うから、社会の中で地位の高い人は働くことを他人に任せるようになる。そして、働くことをやめた身分の高い人は、働く必要のない自分たちの地位を誇示するために服装や髪型などに働きにくいものを好んで使うようになる。ドレスや大きな髪飾りなどがそうである。これは現代のお金持ちのご婦人などにハッキリ見られることで、ヴェブレンはきれいなレースの洋服も羽根飾りのついた帽子も、未開の部族が鼻輪をつけたり入れ墨を彫ったりするのと変わらないと述べたのだった。上流階級を揶揄するこの毒舌っぽい言い方が当時のアメリカのジャーナリズムに受けたことがヴェブレンの書物が成功した原因だった。

このようなお金持ち階層の経済的基盤が現代では実業の世界にあることは言うまでもない。ヴェブレンは一九〇四年に出版された主著『営利企業の理論』で、続いてこの実業の世界の秘密を暴く。かつて、実業の世界で働く人々は自ら物作りに従事しつつ経営も行なう企業家であり製作者であるような人たちだった。しかし、二〇世紀に入ると会社が大きくなるに伴い、会社の中で物作りに従事する人と経営に従事する人とが分かれるようになる。経済においては会社は利益をあげなくては生き残れないところから、金儲けのことのみに専念する企業家を中心に会社が動いていくようになる。ところが、物作りと金儲けは矛盾する面がある。製作者本能からすれば物作りにおいてよりいいものを安く作れたらそれはうれしいことだろう。ところが、金儲けから見ると、今高い値段で十分に売れているものをあえて安く売ることはない。また、消費者が今の性能で満足しているときに苦労してまで製品を改善することはないのである。だから、企業家はできる限り製品の改良や生産費用の低下を遅らせようとする。他社が先にすると自社に不利だから不承不承進めるに過ぎないのである。ここに会社が市場の支配、つまり、独占をめざす理由がある。そのような支配力を一度手にすれば、それ以上苦労することなく儲けを確保できるからである。この支配力を手にするために、会社は自分の活動を大きくすることに血眼になる。成長あるのみである。だが、社会にとっては製品の改良や生産方法の改善が遅れることはマイナスである。ヴェブレン流に言えば、会社はそのような社会のマイナスを自分の収益の源泉としているのである。

ヴェブレンは、会社の持つ二つの側面のうち物作りをインダストリー（産業）と呼び、金儲けをビジネス（営利）と呼んだ。一つの会社の中でインダストリーを代表するのが技術者であり、ビジネスを代表するのが経営陣である。経営陣と労働者の対立が重要であると考えたマルクスに対して、ヴェブレンは経営陣と技術者の対立こそ深刻な問題であると考えるのである。日本は経営陣の中に技術畑の人が多かったことからも分かるように会社の中で物作り中心の伝統が根強かった。だが、国際的な競争が激しさを増す一方の今後は、経営の専門教育を受けた人が会社を動かすアメリカのような金儲け中心の会社経営に変わっていくかもしれない。

何はともあれ、金儲け中心の会社が経済を動かしている現代において、一国の経済が発展するためにはそれらの会社が他国よりも発展しなくてはならない。そこで政府は、なるたけ会社が楽に金儲けできるように、どんどん成長できるようにお金を使って応援しようとする。しかも、そのお金の使い方は上記の目的からできるだけ無駄で実にならない使い方になるだろう。なぜなら、生産を促したり新しい会社が誕生しやすくなったりするお金の使い方は、既存の会社を競争にさらして不利にするからである。その結果、政府のお金は軍備、経済に関係のない「儀式」のための建物、できるだけ波及効果の少ない産業に流れるだろう。ほんとかな、と少し思える議論だが、どこかの国の公共投資の在り方を見ているとまんざら嘘でもない気もする。

†財務諸表の見方と会社の本質

すでに見た議論にもあったように、ヴェブレンは経済を動かす法則性が時代が変わっても同じなどということはあり得ないと考える。かつて、社会のためになった政策も時代が変われば、かえって社会のマイナスになってしまうこともあるのだ。だから、経済をよく知るにはその時代時代の経済の仕組み、つまり経済制度をきちんと把握することが必要である。経済はまるで生き物のようにそうした制度を自ら変化させながら動いていくのである。現代の日本もまさにそのような進化のただ中にあると考えればかえっていろいろなことが見えてくるのかもしれない。

さて、ヴェブレンは会社の本質は金儲けにあり、業界を支配する力を求めてひたすら成長に励んでいると考えたが、そのことは会社の大事な経営状況を表わす財務諸表に表現されていると言えるだろう。

ある団体の活動の状態をお金の姿で表わす簿記には複式簿記と単式簿記の二種類がある。単式簿記は家計簿に代表されるように、お金の出し入れを一列に書いていく方法であり、最後の行にはその時の残金が書かれている。この方法は単純だが、お金の使い方にある差を区別できない。将来のさらなる儲けに繋がるようなお金の使い方もあるだろうし、そのまま消えてしまうような使い方もあるが、その違いを表現できないのである。家計の場合、お金で買ったものは結局使われて消えていくだけだからそれでいい。だが、会社の場合、そうはいかないのはお分かりだろう。複式簿記の場合、お金の

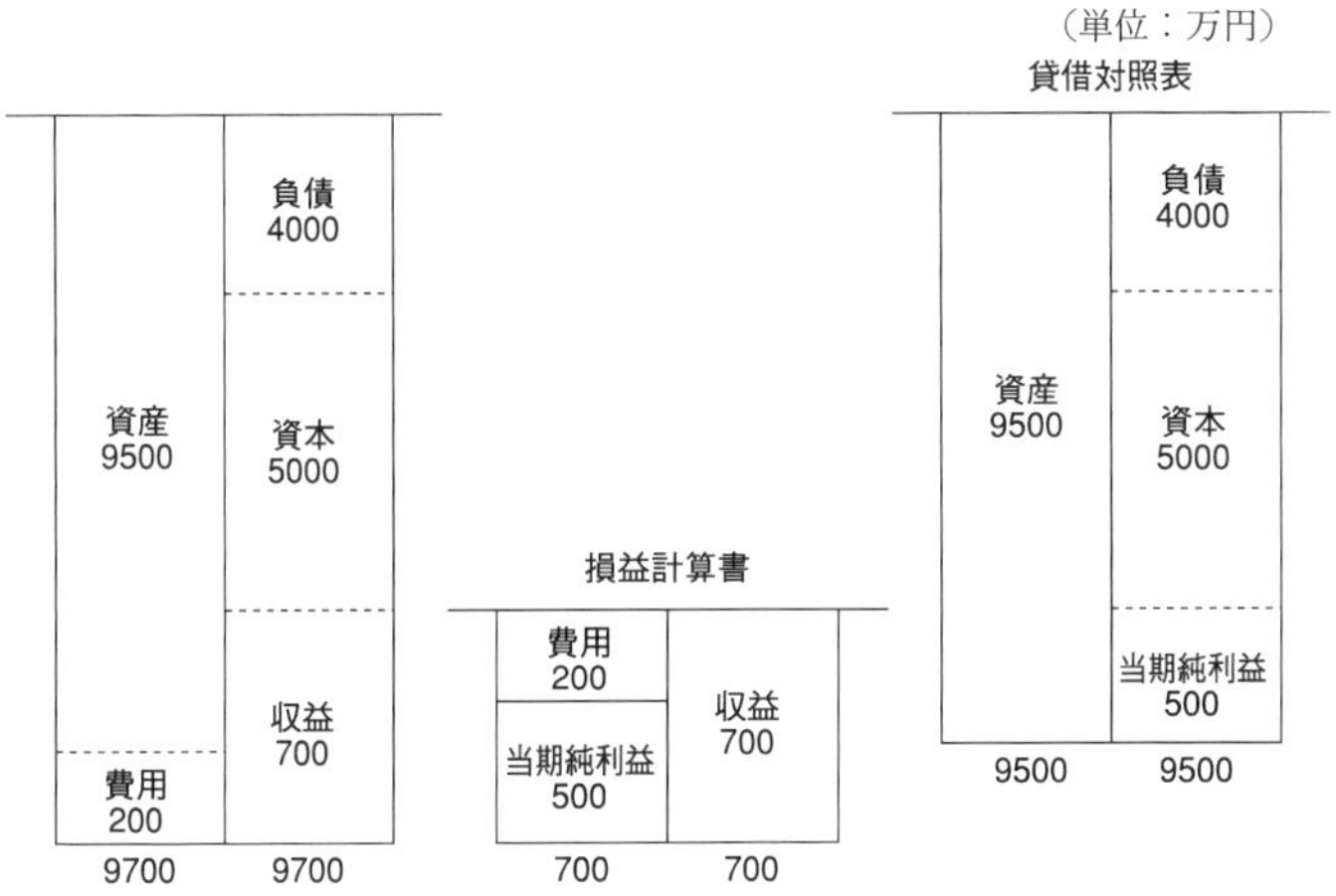

出し入れを二列に書く。左の列を借方《かりかた》と言い、お金を受け取ったらそこに現金いくらと記して、右の列にその理由をたとえば販売代金いくらと記す。右の列を貸《かし》方《かた》と言い、お金が出ていく時にそこに現金いくらと記してから、たとえば仕入れいくらとその理由を書くのである。借方、貸方の言い方は、昔複式簿記が銀行業から始まったことの名残りに過ぎない。覚えにくい人は、「貸し借り」と「右左」で順番が同じだ、と記憶するといいだろう。

さて一年間帳簿をつけ続けて年度末に帳簿をまとめるときにお金の出入りの理由だけを見ると、左の列にはお金を払った結果としてそのとき会社の中に残っているさまざまなものが並んでいるし、右の列にはお金を調達してきた方法がずらりと並んでいるだろう。お金を出して手に入れたものには土地や国債等も入っているだろうが、これを会計の世界では資産と呼ぶ。また、お金を出して手に入れても今はそのままの形では存在せず、製品を作る時に使われたものもあるだろう。これを費用と呼ぶ。左の列にはこれが並ぶ。他方お金の調達の仕方には借金をする方法、株式を発行する方法、商売で稼ぐ方法の三つがあることはお分かりいただけるだろうが、それぞれを負債、資本、収益と表現するのである。

前頁の図には帳簿の最後の金額が九七〇〇万円になっているある会社の例を示した。この元の帳簿を、一年間の本業のお金の流れを表わす部分と年度末現在の会社の状態を表わす部分に分けたのが、それぞれ損益計算書と貸借対照表であり、財務諸表と呼ばれる一連の書類の中心となるものである。

8 貨幣の哲学

ジンメル『貨幣の哲学』1900年
Simmel, *Philosphie des Geldes.*

†あまりにもユダヤ的な……

ユダヤ人が歴史の中で長く流浪の民として苦労してきたことはよく知られている。国を持たない彼らはいろいろな国、いろいろな時代に迫害を受け、いつその国を脱出しなければならないかもしれない不安にさらされ続けてきた。そこでユダヤ人たちは財産をすぐに移動できるように金融業に従事し、現代にも残る送金や信用のシステムを古くから作り上げてきたのである。ゲオルク・ジンメルも裕福なユダヤ人の家に生まれて社会学を研究する道に進んだが、その彼が主著のタイトルに選んだのは貨幣であった。だが、彼の考えは生前には十分に評価されず、ジンメルはあたかも貨幣が一つのところに留まらないように、大学に安定した職を得ることは最晩年までできなかった。

ジンメルは一八五八年、大都市ベルリンに生まれ、一八七六年には地元のベルリン大学に進んで歴史学、心理学、哲学を修めた。一八八五年に教授資格審査に合格したジンメルだったが、彼のユダヤ人としての血筋が原因で一五年もの長い間非常勤講師の地位に置かれたのであった。その一方で文筆家としてのジンメルは多産で、数々の著作の他にも社会科学系の多くの雑誌に途切れることなく論文を発表し続けた。それら著作の中で一九〇〇年に出版された『貨幣の哲学』はそれまでのジンメルの思索の集大成であり、彼はこれを機にベルリン大学を離れる。その後、一九〇八年には友人の社会学者マックス・ヴェーバーの招きでハイデルベルク大学の教授職が決まりかけるが、結局実現しなかった。ジンメルが大学の常勤の教授に就任するのは一九一四年のシュトラスブルク大学が最初である。だが、ジンメルは、ちょうどその年の夏に勃発した第一次世界大戦と歩みを同じくするかのように、四年後、終戦の直前に病没した。一九一八年のことである。

†ゲームとしての社会

私たちはもちろん一人で生きているわけではなく、社会の中に生まれ落ち、社会の中で育ち、社会の一員として働き死んでいく。その社会とは何なのだろう。私たちが普段気にもとめないこのような問いをジンメルは考え続けた。

まず、社会は個人を超えるような実体だろうか。彼の母国ドイツではやがてファシズムの下、国家につくすことを第一とする考えが勢いを増すことになったが、それがもたらした悲劇は今さら語るまでもない。しかし、私たちは言語を勝手に変えることはできないし、法律や習慣がどんなにおかしいと叫んでもそれらの規制から逃れることはできない。だから、やはり社会はそれを構成する一人一人とは独立の力や存在を持っているような気もするのである。

では、社会は実は幻のようなもので、それを構成する個人個人がいるだけなのだろうか。社会の中でどんなに力を持っている政治家や財界人でも、よく見ると生身の人間である。また、私たちは社会の問題点を指摘したり、それをみんなで話し合って修正したりもできる。そう考えると私たちは社会という蜃気楼を見ていただけのような気もしてくる。

ジンメルによればこれら二つの考え方はどちらも正しくない。ジンメルは、私たちが社会と呼んでいるものは、個人とは独立な実体でもなければバラバラな個人個人の集合でもないと言う。それは無数の相互作用の集まりなのである。私たち人間が誰とも会ったり話したりせずに一日を過ごすことはない。仮に一人暮らしの人が家から出ない日があったとしても、その人がテレビを見たり本を読んだりしたとすれば、彼は間接的に他の人と触れ合ったことになる。私たちがいくら自分は自分だと言っても、それはあくまでも他人との関わりの中でそうであるに過ぎない。ジンメルが相互作用と言っているのはそのような、人間にとって本質的な人と人との関わりのことである。

仕事場に行って上司と一緒に仕事をする。家に帰って家族と団欒のときを過ごす。地域でボランティア活動をする。これらはどれも相互作用である。このように社会の構成要素を切り取ってみると、それらがどれも自分と相手が役柄を分担して行なっているゲームであるように見えてくる。どう相手を出し抜くか、どう相手を喜ばせるか、どう自分を見せるか、私たちは毎日の生活の中でそのようなゲームを演じているとも言えるのである。社会生活をゲームという一般的な形式で捉えるという画期的な見方を提示した点に、私はジンメルの最大の功績があると考えている。

最初そのような人と人の関わり合いにはルールなど存在しないのが普通だろう。だが、毎日同じ人とゲームをくり返しているうちに、徐々にパターンができてくることは否めない。上司との間の言葉遣いや友だちとの間での役回りなど思い当たる節があるだろう。やがて、それらは習慣や道徳といったもっとはっきりした形をとるようになるかもしれない。こうなってくると、実際の在り方とは逆に道徳がこうなっているからこうしなくてはならないんだと私たちは感じ始める。このように、もともとは人と触れあうときの当面のパターンに過ぎなかったものが、個人とは関わりなくそう決まっているものとして現れるのである。ジンメルはこの現象を物象化と呼んだ。

このように、個人間の相互作用が物象化して現れた典型的な事例として貨幣があるというのがジンメルの見解である。貨幣はもともとは物々交換を媒介する道具に過ぎないはずだが、やがてそれ自身が一般の財よりもはるかに価値の高いものとして現われる。紙幣を考えてみればよい。紙幣は物としては単なる紙切れでありそれ自体は価値を持たないはずなのに、私たちにはあたかも特別な力を持つありがたいものと感じられるだろう。自分の求めているものを持っていて、なおかつ自分の持っているものを欲している人はなかなか見つからないだろう。そこで、とりあえずそれさえ出せば誰でも自分の欲しいものを譲ってくれるような特別な品物があれば便利である。自分の持ち物をいったんそれに換えて、その上で自分の欲しいものと交換すればよいからである。つまり、交換という相互作用の当事者どうしが自分の欲望を満足してくれるものを求め合っているという関係が貨幣というものを生み出し、それがみんなによって求められることであたかも貨幣自体に価値があるような錯覚を生み出したのである。

しかし、貨幣が物象化よって生み出され、それを求める経済が動き出すと、成功する人がいる一方で事業に失敗する人、失業する人も現われる。人間どうしの関わりが作り出したはずの経済という仕組みが、個人によってはどうしようもない力で個人を不幸にすることが起こるのである。道徳がやがて法律になり、それを守らせるための機関として国ができると、どんなに融通のきかない法律でもそれを守ることが至上命題になる。災害で大変な損害を被った人を救済することが本来社会の仕事のはずなのに、法律の壁によってそれができないようなことも起こる。経済の仕組みや法律や国家の仕組みは広い意味で文化であるところから、ジンメルは今述べたような事態を「文化の悲劇」と呼んだ。

†ナッシュ交渉解と交渉で勝つ方法

経済での人と人との相互作用は、契約をめぐって交渉をくり返し、最後に自分に有利な条件を勝ち取ることがすべてであると言っても過言ではない。現代経済学では、自分の利益の最大化を求めて交渉し合う賢い二人がいた場合、交渉の結果は必ずナッシュ交渉解と呼ばれる性質を持っていることが証明されている。

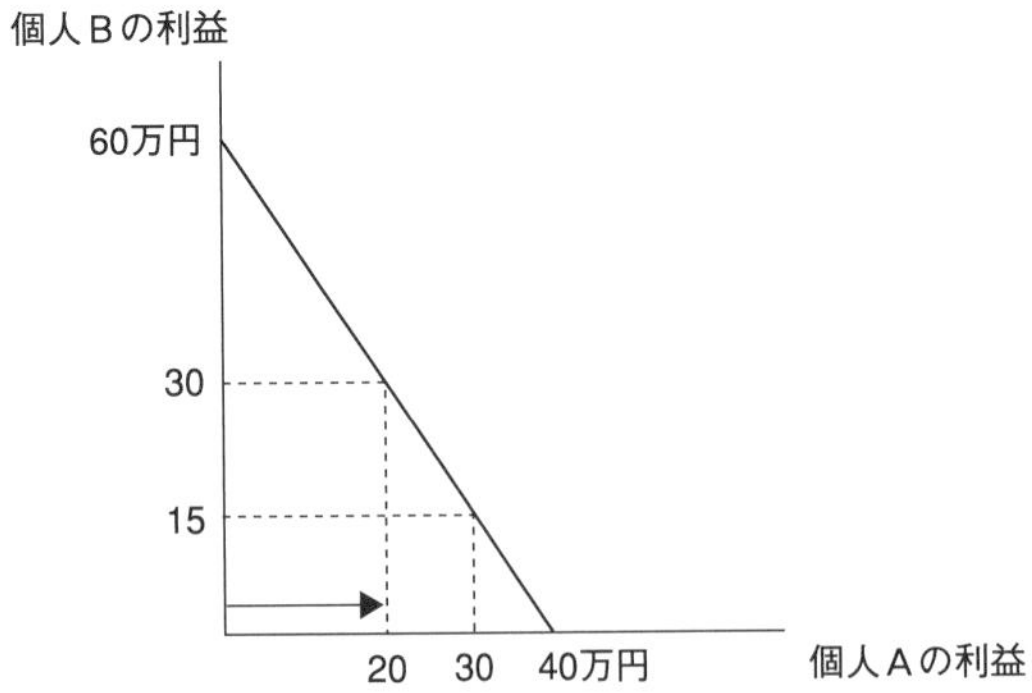

いま、ＡとＢという二人の個人がある事業に関する契約を結ぼうとしているとしよう。図のように横軸にＡの利益、縦軸にＢの利益を計ると、Ｂの利益がゼロのときにＡの利益が最大となりその金額は四〇万円である。逆に、Ａの利益がゼロのときにＢの利益が最大になってその金額は六〇万円である。ＡとＢの利益の組み合わせは以上の両極端を結ぶ直線上に並ぶとする。このとき二人の交渉の結果はどこに落ち着くかと言えば、直線の中点、つまり、Ａが二〇万円、Ｂが三〇万円の点である。これは一種の山分けということであり、極めて自然な結果と言えよう。

だが、ナッシュ交渉解の面白さはこの先にある。突然Ａが、自分はＢと契約しなければ別のＣという人と契約することで着実に二〇万円の利益を保証されている、と言い出したとしよう。ＢはＡとの交渉が決裂すれば利益がゼロになってしまうのだから、これによってＡの立場が俄然よくなったことが分かろう。この条件を加えて再度交渉すれば、結果はＡが三〇万円、Ｂが一五万円の点になる。先ほどに比べて立場のよくなったＡに有利でＢに不利な契約になるのである。実はこの結果は横軸の二〇万円のところを原点に取り直した上で山分けしたという結果になっている。このように、日常のいろいろな場面で交渉を有利に進めたい人は、自分が相手と契約しなくてもいかに困らないかをできるだけ強くアピールする方がよいということが分かる。

実は、ナッシュ交渉解の定義を厳密に言えば、二人の利得をかけ合わせたものを最大にするような契約の仕方ということである。だから、多少複雑な利益の並びになっている契約でも、最初から相手と自分との利益の積が最大になるような条件を提示すれば一発で交渉は妥結すると言えるのである。

9 世俗内禁欲

Weber, *Die protestantische Ethik und der Geist des Kapitalismus.*
ヴェーバー『プロテスタンティズムの倫理と資本主義の精神』1905年

†厳格さと自由さと

マックス・ヴェーバーの生涯を思うとき、厳格に生きることがときとして自由さを招くことがあるのだという感慨に捕われる。一八六四年、ドイツのエルフルトに生まれたヴェーバーは、政治家であった父親の下で厳しい躾を受けて育った。ヴェーバーの中には激しい情熱家の面と冷静で沈着な理論家としての面とが同居しているように思うが、これも男は男らしくという父親の教育の結果であろうか。たとえば、ヴェーバーは第一次世界大戦が始まると自ら志願して陸軍の軍人として従軍している。抑えきれない情熱を理性の器にしっかりと押し込めた人生、私のヴェーバーについてのイメージはそのようなものである。

一八九三年にいとこのマリアンネと結婚したヴェーバーは、翌年、フライブルク大学の教授に就任し公私ともに充実のときを迎える。研究も軌道に乗る中で一八九七年、その後定年まで勤めたハイデルベルク大学に移るが、これが人生の大きな転機の序章となった。ある夜、政治家の父と初めての激論を戦わせたヴェーバーはそのまま父と別れるが、これが予期しない悲劇の始まりだった。ヴェーバーの父親は旅行に出た先で急逝してしまったのである。ヴェーバーは自分が父親を死に追いやったという強迫観念に襲われ、鬱病を煩ってしまう。

一九〇一年、ようやく鬱病から回復したヴェーバーは、考え方の面でもすっかり変貌していた。この社会の変化の方向を決めたり、社会のなかで人を突き動かしているのは理性的な判断だけでなく、むしろ宗教的な信条やわけもなく自分を突き動かす信念などである。人間を救うのは理性的なしかめっ面ではなくむしろ迸《ほとばし》る喜びを表わす笑いである。一九〇五年、彼の名とともに最もよく知られる著作『プロテスタンティズムの倫理と資本主義の精神』を出版したヴェーバーは、経済の歴史を通して社会の成り立ちや構造を捉える経済社会学と呼ばれる新しい分野を提唱して旺盛な仕事を行なった。そして、多くの弟子と名声に囲まれながら一九二〇年に静かだが激しい生涯を閉じたのであった。

†宗教的情熱と経済

私たちはなぜお金儲けのために毎日あくせく働くのだろうか。お金は大事なものでいくらあっても困らないから、と言ってそれ以上考えるのをやめずに少し自分の心を見つめてみてほしい。どうもよく分からない情熱が心の奥底に眠っている気がしないだろうか。

ヴェーバーは、歴史家の目で当時のヨーロッパ各国の経済発展のようすとキリスト教の各宗派の分布のようすとを見比べていて面白いことに気づいた。イギリスやドイツといった近代的な経済の仕組みを発展させていた地域はキリスト教の中でもプロテスタント（新教）が広まっている場所であり、フランスやイタリア、スペインなど経済発展に遅れをとっている地域はカトリック（旧教）が根強く信仰されている場所だった。ヴェーバーはここから、宗教の教えが人々の日常の生活を規定し、その結果経済発展の状況に違いが出ているのではないかと考えたのである。そして、ヴェーバーは、カトリックの伝統的な教えに反発する人々が作り上げたプロテスタントに、近代的な経済の在り方とよくマッチした教えがあることに気づいた。プロテスタントでは、カトリックのように現世が来世のために存在しているとは考えない。カトリックでは現世は仮のものであり、現世で功徳を積んで死後天国に昇ること、あるいは最後の審判のときに善人としてイエスに救ってもらうことが最大の目標である。これに対して、プロテスタントでは、私たちは何よりもまず現世で生きている事実が大事であり、現世でどのように働くべきか、皆それぞれ神様から役目を与えられていると考える。そして、神様のお心にかなうような働きをすれば、ご褒美は現世で与えられ、その人は現世で幸せになれるとするのである。天職という言葉があるが、まさに自分の仕事に一生懸命になることが神様の命令に従うことであり、神様がそのことを認めて下さればその人は事業に成功しお金持ちになれるのである。こうして、寝る間を惜しんで働くこと、飽くことなくお金儲けを追求することが、宗教的行為となって正当化されていくのだ。

このような強い気持ちがプロテスタントの国に経済発展をもたらした原動力だったというのがヴェーバーの見解だが、彼はこうした倫理観に裏打ちされた強烈な心情をエートスと呼ぶ。古い時代には人々はそれぞれエートスに従って、戦ったり働いたり仲間と共にあったりしたのである。だが、プロテスタントのエートスによって近代の扉が開かれると後戻りのできない一歩が踏み出されることになる。お金儲けは無駄なく合理的な行動を必要とするが、この合理性の追求がこの世界から神秘や信仰の居場所を奪っていくのである。神様の存在を信じてその顔色を窺って生きるよりも、人間がこの世の支配者であると考えて好きなように自然を利用した方が合理的だというわけである。こうしてヴェーバーが言うところの「脱呪術化」が進んでいくと、最後には近代の経済は、さまざまな装飾を邪魔だとばかりに脱ぎ捨てて冷徹で硬い骨組みの姿を現わす。人々はもうすっかり宗教的な情熱からは醒めてしまっているのだが、経済の仕組みは人々をコマネズミのようにあくせく働かせ続ける。また、会社という組織は、人々を歯車として使いながらひたすらに利益だけを追い求め続けるのである。こうした近代の経済の姿をヴェーバーは「鉄の檻」と表現し、そこには何も情熱を持って信じることのできないニヒルな人々が捕われているとイメージした。

†悲劇的人間として

私たちはこの冷徹で潤いのない経済、社会の中でどのように生きるべきだとヴェーバーは言うのだろう。ヴェーバーの答えはあくまでも彼らしい力強いものである。ヴェーバーは、エートスの失われたニヒルな現代において、その現実を見据えた上で自分自身の価値を掲げて生きることのなかに真実の生き方を見る。私はこうすることが正しいと思う、それは間違っていると思う、とハッキリと主張し、社会のなかで自分の信念を訴えていくのである。と言っても一般の人はなかなかそうはいかないこともある。そのような生き方を宿命づけられている典型としては、学者と政治家という職業があげられよう。ヴェーバーは学問の世界、政治の世界で多様な価値観や考えが戦わされることを「神々の闘争」と表現した。ヴェーバー自身、学者としてそのような「神々の闘争」を日々演じていると感じていたであろう。一方、政治家のイメージには彼の父親の姿が重なっていたかもしれない。強烈な個性と力強いビジョンの提示によって大衆を引っ張る政治家をヴェーバーはカリスマと呼んだが、優れたカリスマの登場を期待するかに見えるヴェーバーは、亡き父の夢を代わりに追い求めていたのだろうか。

†投資とは何か

ヴェーバーはプロテスタントの倫理の中にある、儲けたお金をもっと儲けるために注ぎ込むという行動規範に現代経済の始まりを見た。より大きなお金を将来手にするために今お金を使うことを投資という。典型的なのは会社の社長が機械を買ったり工場を建てたりすることである。

ある社長が機械を買うかどうか迷っているとしよう。社長は何を基準にしてその判断をするのだろうか。機械を買うのはもちろんお金を儲けるためだから、社長にとって機械の良し悪しの基準は収益率にあることは言うまでもない。いま八〇万円の機械があってそれは一年使うともうダメになるのだが、生産したものを売ることで一二〇万円の利益をもたらしてくれるとする。この機械の収益率は、80×(1＋収益率)＝120 の式から五〇％であることはすぐに分かる。同時に当たり前のことだが、120/(1＋収益率)＝80 の式のように一年後の利益を収益率で割り引いてやると機械の値段になることも確認しておこう。

ところで、この社長は機械を買う八〇万円をどこから調達するつもりだろうか。自分で蓄えた貯蓄だろうか、それとも取引のある銀行からの借入だろうか。いずれにしても機械を買うことは利子を手放すことと引き換えになっていることが分かる。とすれば、社長は、利子率が機械の収益率を下回っていれば機械を買って得をするし、上回っていれば損をすることになる。このことを別の角度から見ると、先ほどの割り引きの式の本来の収益率のところに現行の利子率を入れてみて、はじき出された値段が機械の実際の値段より高ければ割安な機械を買うのだから得、はじき出された値段が機械の実際の値段より安ければ割高な機械を買うのだから損、ということでもある。利子率で割り出した値段を機械の実際の値段で割った値をトービンのｑと呼ぶことがあるが、収益率が利子率と等しくてこの値が一のとき、機械は適正な値段で売られているということである。また、トービンのｑが一より大きいときに投資が行なわれ、小さいときに行なわれないことも分かるはずだ。

社会全体で見ても、金利が低ければ低いほどその年の投資は促進されることが分かる。図のように

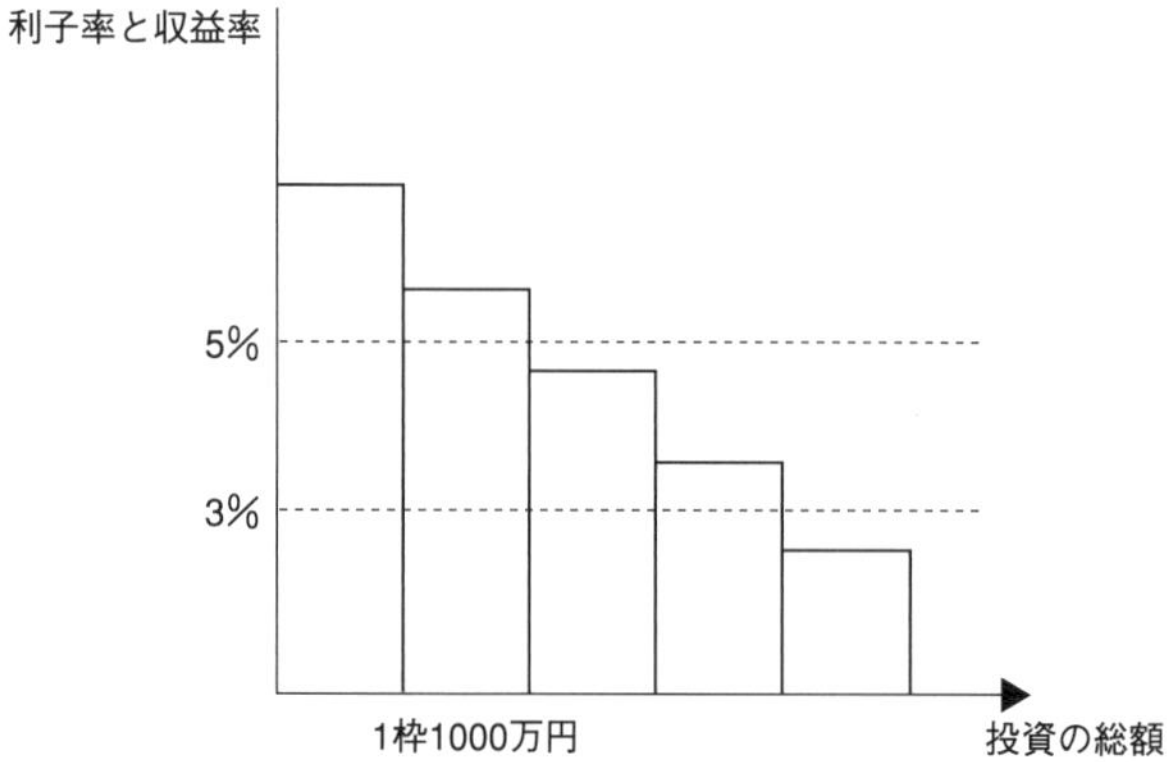

ある年に社会の中にある儲け口が収益の高い順番に一枠一〇〇〇万円ずつ並んでいるとしよう。棒の高さがその儲け口の収益率を表わす。その年、点線の高さで示される金利が五％だと二つの儲け口にしか投資がされないので投資の総額は二〇〇〇万円である。だが、金利が三％ならば投資の総額は四〇〇〇万円に増大する。

実際には一年でダメになる機械はないわけで、社長はもっと複雑な判断を迫られることになる。二〇〇万円の機械があり、来年一二〇万円、再来年一二〇万円の利益をあげてくれて二年でダメになるとしよう。利子率二〇％のときと一〇％のとき、それぞれ機械を買うべきかどうかを考えてみる。収益率を求めようとすると、120/（1＋収益率）と120/〔(1＋収益率)×（1＋収益率)〕を合計したものが二〇〇万円になる、という式から算出しなくてはならないので面倒だ。そこで、収益率のところに現行の利子率を入れて割り引く方法をとると、利子率二〇％だと理論上の値段は一八三万円なので買うべきでない。利子率一〇％のときは理論上の値段が二〇八万円なので買うべきである。二〇〇万円の二年複利の元利合計は二四二万円だから、後者のケースでも預金した方が得に思える。しかし、機械を買った上で一年目の利益一二〇万円を預金しておけば再来年末手許にあるお金の合計は二五二万円になるから、やはり機械は買った方がいいのである。

10

計画経済論争

Lange (Lippincott ed.), *On the Economic Theory of Socialism.*
ランゲ（リッピンコット編）『社会主義の経済理論』1938年

†計画による権威と成功？

オスカー・ランゲは一九〇四年、ポーランドに生まれ、クラカウ大学で法学の博士号を取得した。その後、ロンドン・スクール・オブ・エコノミクスで経済学の勉強をした彼はクラカウ大学の講師になる。一九三五年、ミシガン大学の講師の申し出を受けてアメリカに渡ったランゲは、その地で研究と教育を続け、一九四三年にはシカゴ大学の教授に就任した。当時ランゲは、すでに国際的な数理経済学者として有名だった。

ランゲが海外で研究活動を続けているあいだに、ポーランドはナチス・ドイツの侵略を受けてソビエト連邦とのあいだで分割されてしまう。歴史上何度も繰り返された他国からの侵略を受けたのであった。このことはポーランド国民の愛国心に火をつけ、レジスタンス運動が盛んになる。戦後、ナチスから解放されたポーランドだったが、ソビエト連邦の指導の下に全土が社会主義化することになった。新しく誕生した社会主義政権はランゲを駐アメリカ大使、続いて国連大使に任命した。しかし、間もなく政権の考え方が硬直化すると、ランゲは本国に呼び戻されてしまう。だが、一九五五年、再び政権の考え方は変化し、ランゲは国家経済会議の議長という重職に任ぜられることになった。これはまさに、ポーランドの計画経済を運営する中枢となる地位であった。この役職を引退したのちもランゲは、大学教授として多くの弟子を育て、一九六五年、権威と名声に包まれて亡くなった。

ランゲは自らの推進する社会主義に矛盾を感じていなかったのだろうか。まだ、そのような矛盾がハッキリと現われる時代ではなかったとは言える。ただ、それだけでなく、ランゲが経済学者とは言いながら、極めて数学的・工学的な理科系の思考をする人物だったことも、社会を計画的に運行していくことに強い自信を持つ原因だったのだろう。それに、ランゲの思考は論理的には完璧だったのである。

†計画経済論争の残したもの

ランゲが成し遂げた業績のなかで最も有名なのは計画経済が理論的に可能であるということを証明したことだろう。計画経済とは、私たちの生きているこの経済のように市場でつく価格を見て生産量や消費量が決められるのではなく、政府が望ましい消費量に基づいて計画的に生産量を決定する仕組みである。社会主義ではこの計画経済が望ましい経済の在り方と考える。一九二〇年代、ソビエト連邦の成立によって計画経済が現実味を帯びてくると、経済学の世界ではそれが可能かどうかをめぐって論争がなされた。

もちろんこの論争は、計画経済が可能であるとする側と市場にとって代わることはできないのだとする側に分かれて争われた。計画経済が不可能とする側にはハイエクやバローネといった経済学者が立ったのに対し、可能であるとする側に立ったのがランゲたちだったのである。

ハイエクらが計画経済が不可能であるとした理由は以下の二つであると言ってよい。一つは、政府が消費者の気持ちを知ることができないという問題である。市場経済では、消費者が市場の価格を見て自分の消費量を調整し、それがまた市場の価格に反映されていくことで自動的に望ましいバランスがもたらされる。だとすれば、計画経済では政府が消費量をあらかじめ決めても、それが消費者が望んでいるものかどうかわからないではないか。ハイエクらはこう言う。二つ目は、消費者の気持ちを分かったとしても、すべてが国営企業であるような状況では生産者どうしの間には市場が存在しないので、原材料や機械などの価値が分からず混乱するのではないか、という問題である。計画経済の下で、消費者はお店に行って、政府のつけた値段で買いたい分だけの品物を買うだろう。だが、木工所の人が製材所に板が欲しいと言ってきたときにいくらのお金が支払われればいいのだろうか。木工所で作った家具には政府のつけた三万円という値段がついている。しかし、その家具を作るときには板だけでなく釘や飾り金具、ニスや塗料、そして人手もかかっているから、三万円をどのようにそれらのあいだに割り振るか分からないではないか、というのである。

ランゲはこの疑問にみごとに答えた。最初の問題について、ランゲは、それならば計画経済の中に市場のシミュレーションを導入すればいいではないか、と言う。まず、政府が、国民の消費する品物に適当な値段をつけたリストを作成し、国民全員に配付する。このとき政府は、なんらかの方法でその値段だけの生産費で品物がいくら作れるかを知ることができるとしよう。国民はそれを読んで品物ごとにその値段なら自分はどれだけ消費したいかを答えて、アンケート用紙を政府に提出する。政府は生産できる量と国民が希望する消費量が違っている場合、需要が多すぎる品物は値段を上げ、需要が少なすぎる品物は値段を下げて、もう一度アンケートを実施する。これをくり返すうちに需要と供給が一致するはずだというのである。もうお気づきと思うが、試行錯誤法と名付けられたこの方法は、いわば政府が市場の代わりをするというものであり、ランゲはこうした考え方を市場社会主義と呼んだ。

それでは、原材料など、生産に使われるものやサービスの値段は消費される品物の値段からどうやって導くことができるのだろう。実はこれは、先ほどのランゲの解答の中にあった、政府はどうやって可能な生産量を知るかという問題と同じ問題なのである。これを解くためには線形計画法と呼ばれる計画のための手法を理解する必要がある。この方法によって品物を生産するときの生産資源それぞれの貢献度を計り、それに応じて売り上げを分配できるのである。そして、線形計画法の開発はやはり、ソビエト連邦のカントロヴィッチという学者によって最初になされた。だが、同じ手法は全く独立にアメリカのクープマンスらによっても開発されている。このことも示すように、社会全体にとって無駄なく資源が利用され能力を生かしきった生産を行なうという点では、市場経済も計画経済も違いはないのである。もっとも、市場経済にも一つの会社の中とか一つの工場の中とかに計画そのものが必要とされる場面が多くある。クープマンスらの仕事は直接にはそうした目的があったのだが。

同じことを達成するのならば、市場経済でも計画経済でもいいのではないか。こうした発想に対してランゲは次のように反論する。市場経済が、好景気・不景気の波を通して最適な生産を達成するのに対して、計画経済はそういった回り道がない分効率がよい。また、市場経済では生産のために企業に集まるさまざまな資産の持ち主に所得が集中しがちだが、社会主義では企業は国営だからそのような貧富の格差はないのである。

ランゲの土俵に載って論理的に話を進める限り、彼の理屈は水も漏らさぬものなのである。それではなぜ社会主義の経済は崩壊したのか。その答えは次の章で考えることにしよう。

†線形計画法の考え方

それでは線形計画法の考え方を見ることにしよう。

この国の経済に六〇万人の働き手がいて、二五万台の生産に使う機械があるとしよう。この国では毎年、それらの組み合わせで、必要な自動車と小麦を生産している。自動車を一台生産するには、三

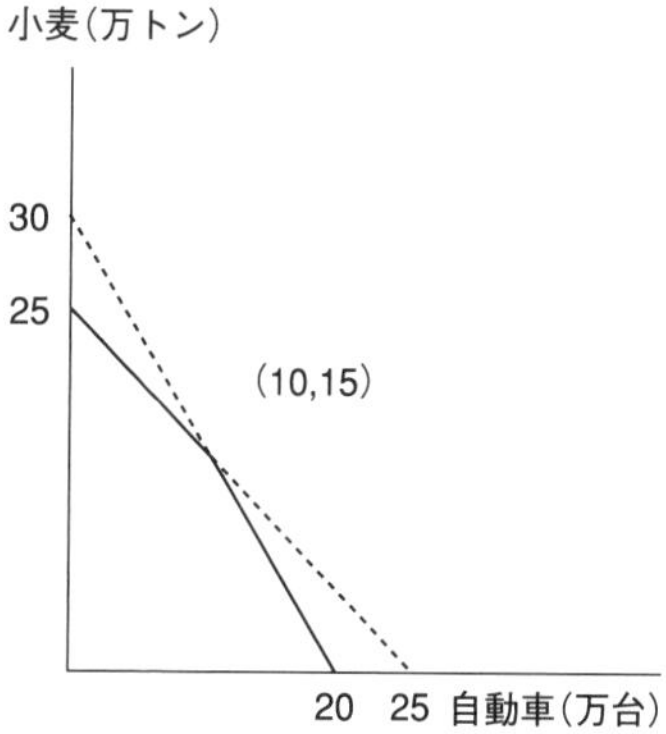

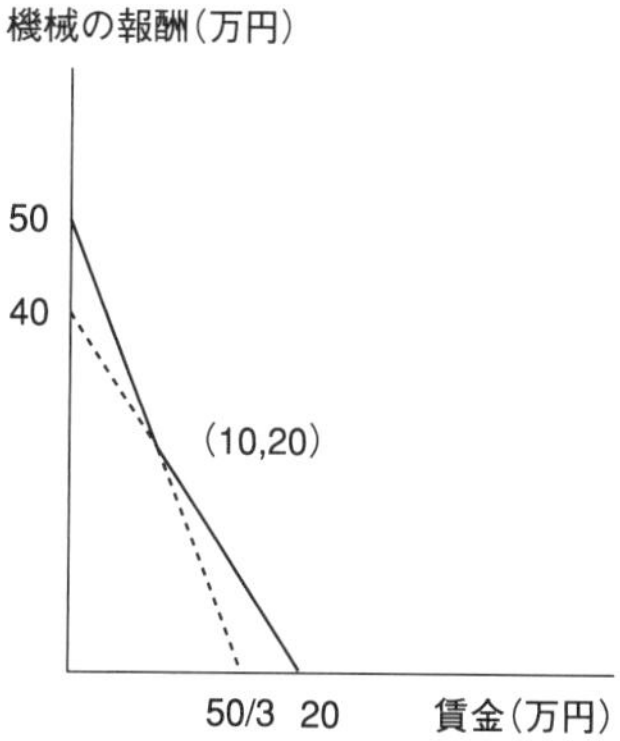

人の働き手と機械一台が必要である。また、小麦一トンを生産するには二人の働き手と機械一台が必要である。これは技術的に決まっているとする。今政府が試みに自動車一台五〇万円、小麦一トン四〇万円の値段を決めて生産額を最大にすることを考えたとしよう。このときの政府の解かなくてはならない問題は次のようなものである。

　3人×自動車の台数＋2人×小麦のトン数＜60万人
　1台×自動車の台数＋1台×小麦のトン数＜25万台

という条件で、

　50万円×自動車の台数＋40万円×小麦のトン数

を最大にしなさい。

　これを解くためには左の図のように、横軸に自動車の台数、縦軸に小麦のトン数を測った平面に上の二つの制約を表わす直線を引き、その左下側で生産額を表わす直線が一番右上に来るような点の目盛を読めばよい。図から、それが自動車一〇万台、小麦一五万トンであることが分かる。計画経済を実行する政府は、この最適な生産量と政府のつけた価格での国民の需要量とが食い違っていれば、両者が一致するまで再び価格を改定する作業をくり返すことになる。

ところで、同じ問題を解くときに政府はこう考えるかもしれない。生産にかかる費用を最小にするのである。このとき政府は次の問題を解く。

3人×賃金＋1台×機械の報酬＞50万円
2人×賃金＋1台×機械の報酬＞40万円

という条件で、

60万人×賃金＋25万台×機械の報酬

を最小にしなさい。

制約の意味は、働き手も機械を実際に保有している国営企業も、品物の値段が五万円、四万円であれば、決して合計がそれを下回る給料や報酬では満足しないだろうということである。これを解くためには右の図のように、横軸に賃金、縦軸に機械の報酬を測った平面に上の二つの制約を表わす直線を引き、その右上側で生産費用を表わす直線が一番左下に来るような点の目盛を読めばよい。図から、それが賃金一〇万円、機械の報酬二〇万円であることが分かる。

さらに確認しておくべきは、先ほどの生産額を最大にしようとして政府が計画を立てたときの金額一一〇〇億円と、生産費用を最小にしようとして計画を立てたときの金額一一〇〇億円が一致することである。つまり、計画を立て、目標を最大にしようとして行動することと、その目標のための犠牲を最小にしようとして行動することとは同じだということである。目標達成のためには計画をいろいろな角度から見直す必要があろうから、線形計画法の教える計画のこの性格はぜひ心掛けておきたいものである。

11 自生的秩序

Hayek, *The Road to Serfdom*.
ハイエク『隷従への道』1944年

†経済学者から哲学者へ

ハイエクは、一八九九年、オーストリアの首都ウィーンの目抜き通りに屋敷を構える貴族の家に生まれた。彼の精神的な気品のようなものがこの生まれに由来することは間違いない。彼は最初、経済学者として出発したが、世の中が彼に言わせると軽薄な理論にうつつを抜かすのに嫌気がさし、経済学について絶筆宣言をする。その後の彼は、社会哲学者として独自の観点から旺盛な発言をくり返し、現代の新自由主義と呼ばれる考えを準備したのである。言わば、貴族としての誇りを失うことなく、白馬にまたがったまま疾風怒濤の二〇世紀を駆け抜けたと言ったらそのイメージを摑んでもらえるだろうか。

ウィーン大学でハイエクは最初法学を学んだが、大学で出会ったミーゼスの考え方に魅せられ、彼の下で経済学を専攻するようになる。大学を修了したハイエクは一九二七年、できたばかりのオーストリア景気研究所の若き所長に任ぜられる。所長と言えば聞こえはいいが、のちにオーストリアを代表する経済研究所となるこの研究所もこの時代には所長の他の研究員は二名だけという小規模なものだった。

ハイエクはこの研究所で、ウィーン大学の経済学の伝統に則り、論理的な経済学の研究を続けていく。ハイエクの示した経済の姿は、それ自体としては安定的で完全だが、貨幣が適切に管理されないとそれが攪乱要因となって景気の循環が生じるというものだった。この考え方はより洗練された形ではあるが、現代経済学でも肯定的に理解されている。

だが、彼がロンドン・スクール・オブ・エコノミクスに移ってそんな研究にいそしんでいるとき、イギリスの経済学者ケインズは、景気の停滞を前提にしたとき、経済政策によって何ができるかということの提言を目的とする経済理論を提起する。しかも、ケインズの考え方は第一次世界大戦後の景気停滞に悩む世界に受け入れられ、瞬く間に経済学の主流へと上り詰めた。そのなかで、ハイエクらの従来の発想は時代遅れなものと目されるようになっていったのである。第一次世界大戦の敗戦で帝政や貴族文化が失われていくのを母国ウィーンで目撃したハイエクにとって、この経済学の転換は大衆政治のもたらした二度目の喪失体験と感じられただろう。

ハイエクは第二次世界大戦の最中の一九四四年、計画経済、ファシズム、そして、ケインズの経済理論のなかにある全体主義的なものを批判する『隷従への道』という書物を出版する。ヨーロッパ中でファシズムの勢力と民主的な勢力の文字通りの戦いが繰り広げられていた時期だっただけに、この本は広く受け入れられ、ハイエクはヨーロッパ中を講演のために忙しく飛び回るようになる。

やがて、戦争が終わっても、ハイエクの講演の旅は長く続いたと言えよう。ハイエクは離婚を契機に一九五〇年、アメリカに移り、シカゴ大学で教鞭をとる傍ら、社会哲学者としての文筆活動に力を注いだ。晩年もフライブルク大学、ザルツブルク大学で教えたハイエクは、一九七四年、若い頃の業績でノーベル経済学賞を受賞した。そして、一九九二年、現代の経済思想に大きな足跡を残して、ハイエクは長い人生の旅に終止符を打った。彼の姿に現代の亡命貴族を見るのは私だけだろうか。

†カタラクシーとエコノミー

ハイエクらが計画経済論争において、ランゲらの論理の前に敗れ去ったことは前の章で見た。だが、一九八〇年代以降、ソビエト連邦や東ヨーロッパなどの社会主義経済の問題点が誰の目にも明らかになるとハイエクの考えは力強く復活を遂げることになる。そして、歴史は、八〇年代末の社会主義政権の崩壊と九〇年代の世界中での市場の論理の広がりという新しいページをめくることになった。

それでは、なぜ計画経済はうまくいかなかったのであろうか。そのことを理解するヒントがハイエクの考え方にある。当初、ランゲの市場社会主義が現実にはうまくいかないとすれば、その理由は政府が国民の嗜好などの情報を集めるのに膨大な時間がかかるためと考えられていた。しかし、この手の問題は現代ではコンピュータ技術の発展とそのネットワークの整備によって解決に向かいつつあることは周知の通りである。政府が各家庭にまで張り巡らされたネットワークを通してアンケートを送り各家庭が返す、という作業をくり返すことは今日では簡単である。ハイエクが計画経済論争以降、社会主義の中に見るようになった問題は全く別のものであった。

ハイエクは、経済を日々動かし支えている知識や技術は、実はマニュアルに載っているようなものや客観的な情報として世間に出回っているものではない、それぞれの現場の人しか知らないようなものであると考える。彼はこれを局所的知識と呼び、それが感覚的で言葉にならないコツや勘のようなものであるために決して遠くの他人に伝えられないものであると考えた。確かにそういう知識は私たちの経済生活で重要な役割をしていることが分かる。最先端技術を支えているのは、結局のところ手の感覚で何ミクロンの削り方の差を捉える職人の熟練の技であると言うではないか。これを客観的なデータの形で読み取り、コンピュータで制御しようとしても不可能であると言う。この手の熟練は製造の現場だけでなく、流通、サービスなど至る所にあるはずだ。また、私たちは自分の洋服の好みを言葉で他人に伝えることができるだろうか。赤い服が好きと言った次の瞬間に、素敵な青い服に心を奪われるかもしれない。私たちの消費の好みは、これこれこうでと言えるようなものではなく、全く感覚的な直感なのである。だとすれば、政府がそのような情報を的確に集計したつもりで、品物の企画やデザインを決めたとしても、「何これ、ダサーい！」ということになるのが落ちである。また、熟練の技が育つのは結局それに見合った報酬があり、他人よりもいいものを作ろうとして切磋琢磨するからである。競争による無駄を排除しようとして計算ずく効率ずくで生産を進める計画経済にそれを望むのは無理なのである。つまり、市場経済は売れ残りや品切れ、好景気や不景気などの無駄をくり返しながら、実はそれを通して製品の改善や技術の進歩を自動的に促すシステムだということなのだ。すべてが決まったことの繰り返しならば計画経済の方がはるかに効率的なのは真理である。しかし、日々新しいものが生まれること、そういう意味での進歩を望ましいと考える限り、市場経済に代わるシステムはないのである。

さらにハイエクは、私たちの経済についてのイメージが誤解の元であるとする。英語で経済のことをエコノミーというのはご存じの通りだが、この言葉、もともとはギリシャ語の「家」の意味の言葉と「法則」の意味の言葉をくっつけたものである。つまり、もともとエコノミーとは、古代ギリシャで奴隷を使って農園を営んでいる貴族が、自分の家産を計画的に！　管理するための技術を意味する言葉だったのである。このような効率的な管理というイメージこそ、政府が経済介入という間違いを犯す原因になっているというのがハイエクの考えである。

エコノミーに対してハイエクは新たに、経済を表すのにカタラクシーという言葉を提唱する。この言葉は、ギリシャ語で「交換する」、「交流する」を意味する動詞からハイエクが新たに作ったもので、経済はでき上がった仕組みではなく、日々変化し動いている営みであるというハイエクの主張を表わしている。

†設計主義を捨てて

ハイエクによれば、私たち人間が経済という仕組みを理解しそれを操作できると考えることは思い上がりも甚だしい。人間の理性を神のように考える思い上がりが、数多くの歴史上の悲劇を生んできたと考えるのがハイエクである。彼によれば、経済を始めとする社会の秩序は、人間が手を加えて管理できるような単純なものではなく、自然と同じく人知を超えたところで文字通り自然に発生した複雑な繋がりなのである。人間が浅はかな知恵で経済を設計し直せると考えたところが、社会主義、そして、各国の経済政策の間違いだったのである。稲につく害虫を殺すはずの農薬が害虫を食べる虫を先に殺し、かえって害虫が増えたように、そのような間違った政策をするからこそ、かえって景気変動が起こるというわけだ。

さらにハイエクは、人間に理性への過信から社会を設計し直すという発想が生まれると、設計に携わる政府の人間は国民を操作の対象としか見なくなり、必ず全体主義の恐怖が訪れると言う。政府が経済をよくできる、社会を上からよくしましょう、という発想こそ、国民が政府に従属するファシズムへの道なのである。

こうしてハイエクは、普通、政府が一元的に管理する方がよいとされている貨幣も、民間が自由に発行できるようにした方が望ましいと考える。かえって政府に任せておくと競争がないために規律が緩んで、発行し過ぎてインフレを招いたり、足りなくて不景気になったりするので問題が多い。しかし、いろいろな業者が貨幣を発行すれば、貨幣の価値を慎重に維持する業者の貨幣ほどみな受け取りたがるので、競争で優良な貨幣だけが生き残る。しかも、彼が気を抜くと別の業者の貨幣に代わられてしまうので貨幣の価値はずっと安定するのである。もちろん、こうした制度をとっている国はないが、電子マネーが普及してそのサービスを提供する金融機関が増えると、どこのネットワークを使うか、どこのカードを使うかで、ハイエクの予言したような競争が起こると思われる。

†均衡の存在と安定

だが、逆に、経済にはハイエクの言ったような自生的秩序の存在が保証されていると言えるのだろうか。また、その秩序は動揺に対して強靭な安定したものなのだろうか。実はこの問題は均衡の存在と安定の問題として、現代経済学の基礎に置かれているものである。

市場がバランスをとれるような価格と販売量があるかどうかは、その市場の需要の組み合わせと供給の組み合わせを表わす曲線を引いてそれらが交わる点があるかどうかで表現される。経済学というとすぐ思い浮かぶ二本の線がクロスした図である。ところが、世の中にはそうではないものがたくさんある。

たとえば、次頁の上段左の図を見ていただきたい。この図では販売量がゼロになってもなおかつ供給曲線が需要曲線の上にある。これは提供するための費用が高すぎてその値段ではお客さんがつかないため売り出されない品物である。たとえば、宇宙旅行などがあげられよう。上段右の図は価格がゼ

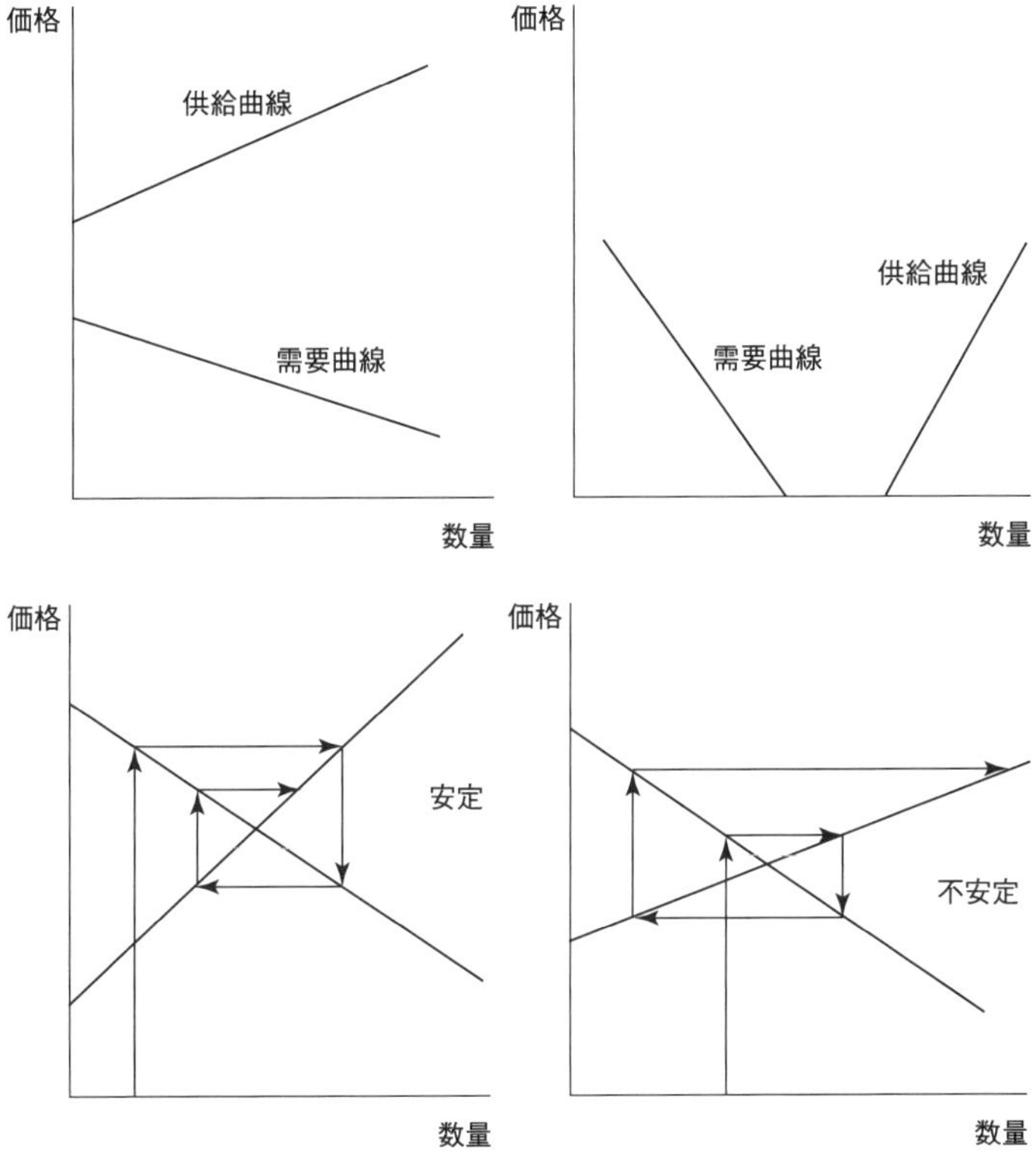

ロでも供給曲線が需要曲線の右にある。これは費用をかけずにあまりにも大量に入手できるので商売にならないものである。水や空気がそうだが、最近は水の市場も品質ごとに細分化されて売られるようになっているのはご存じの通りだ。

　こうした経済の枠外と考えられる事柄をおくとしても、市場でバランスをとれるポイントにありながら、その価格や販売量の安定性に問題をはらんだ品物も考えられる。いま、市場をバランスさせる販売量よりも少ない量がたまたま市場に出されたとする。このとき、市場をバランスさせる価格よりも高い価格がついて生産者は得をするので、その高い価格に見合ったたくさんの量を次は市場に出すだろう。すると、需要曲線から価格は市場をバランスさせるものよりもはるかに下になるから、今度は生産者は市場に出す量を減らす。市場の調整はこのようにして進むはずだ。だが、下段左の図と右の図とを比べてみてほしい。左の図では価格も販売量も、上下をくり返しながらも徐々に交点に向かっていく。ところが、右の図では上下にぶれる幅が大きくなり、どんどん交点から遠ざかっていくのである。図から分かるが、需要曲線の傾きよりも供給曲線の傾きが大きいとき市場は安定になり、逆のとき不安定になる。これは翻訳すれば、価格の変化に対して供給が激しく反応し過ぎると価格や販売量が大幅な変動をくり返すということだ。

こうした事態には通常政府などの第三者が生産調整などをして対応すべきだとされるが、ハイエクなら、それこそが自由な市場であり介入の方が弊害が大きい、と言うだろうか。

12 自由主義の終焉

Keynes, The General Theory of Employment, Interest and Money.

ケインズ『雇用・利子および貨幣の一般理論』1936年

†複雑な人間像

私は現在ケインズの経済についての考え方と彼の理論とがどのように関連し合って形成されていったかを研究テーマの一つとしている。だが、実は経済学部の学生として経済学を勉強し始めた頃、伝記で読んだケインズの姿は、研究室で研究一筋に打ち込む学者の姿とあまりにかけ離れていたため、あまり好きにはなれなかった。何かとても癖のある人物という感じがしたのである。だが、気がついてみると彼の若い頃の哲学や数学の研究者としての側面に興味を持ち、ケインズを研究対象に選んでいた。そして、その頃にはケインズという複雑な人間に強い魅力を感じるようになっていたのである。自分でもこの変化の原因が、自分自身が歳をとって世の中のことを少しは知るようになったためなのか、最初に読んだときとは違ったケインズ像を私が形成するようになったためなのかはよく分からない。みなさんは次のようなケインズの人物像をどう思われるだろうか。

ケインズは、一八八三年、イギリス、ケンブリッジ市のハーヴェイ・ロードという通りで、ケンブリッジ大学の経済学の先生である父と社会事業家で後にケンブリッジの市長まで務めた母とのあいだに生まれた。ハーヴェイ・ロードはこのようなケンブリッジの知識人や名士の住む一帯であった。イートン校からケンブリッジ大学に進んだケインズは、大学では数学を専攻する傍ら、学生の秘密結社的なサークル組織の一員として哲学や倫理学、芸術をめぐる問題の討論と論文とに若い情熱を傾けることになる。ケインズと共に活躍した中からは、後にイギリスの有名な芸術家、文筆家となる人々が多く出た。ケインズ自身、自分は大学を終わったら政治や実業の世界に出るべきか、学問の世界にとどまるべきか悩んでいた。結局彼は官僚となることを決めて任官試験を受験するが、本来専門のはずの数学の成績が思わしくなく、希望していた大蔵省に入ることはできなかった。当時イギリスの植民地であったインドを管理するインド省に入省したケインズだったが、当然仕事が面白いはずはなく、二年間勤めたのち、確率に関する学生時代の研究をまとめてケンブリッジ大学の数学の教授資格審査の論文として提出する。しかし、確率の哲学的な背景に切り込んだこの意欲的な論文も数学者ホワイトヘッドの認めるところとならず、不合格になってしまう。

父親の同僚としてこれを見兼ねたケンブリッジの有名な経済学者マーシャルは、ケインズをケンブリッジ大学キングス・カレッジの経済学の先生として迎えた。インド省時代にインドの通貨制度について研究のあったケインズの担当科目は「貨幣論」・「金融論」であった。経済学の先生としての立場はケインズに経済学の研究をスタートさせ、いくつかの時論的な著作ののち、一九三〇年には『貨幣論』という分厚くアカデミックな本を出版し、経済学者として名を知られるようになった。

しかし、その間もケインズの現実世界への関心は止みがたく、第一次世界大戦の終結にあたっては、ベルサイユ講和会議のイギリス代表団の一員として参加している。しかし、戦後世界への経済的な悪影響のおそれも考慮せず、ドイツに多額の賠償金を課す無思慮なやり方に怒りを覚えたケインズは途中で帰国し、その足で同性愛の相手であった画家とともにギリシャ旅行に出かけてしまった。ケインズの同性愛は仲間内では有名だったので、彼が四二歳のとき、三三歳のロシアのプリマドンナ、リディア・ロポコヴァと結婚したときは皆驚いたという。

また、ロイド・ジョージ率いる自由党の熱心な支持者であったケインズは、自由党政権を中心とする政策のアドバイザー役として政府の種々の委員会の委員を務めた。

さらに、ケインズは、友人の証券業者と共にいくつかの投資会社の重役を務めたり、自分でも株式や為替の投機を好んでした。彼はこれら金融業界からの収入で財を築き、そのお金を芸術の振興や古書の散逸を防ぐために使ったのであった。ケンブリッジ芸術劇場建設への貢献やニュートン文書のコレクションは有名である。ケインズはお金を扱うことが心底好きだったようで、キングス・カレッジの財務を担当するや、みごとに財政再建を果たしている。ただ、若い頃一度為替投機に失敗して破産したことがあり、このときばかりは父親に救ってもらった。

さて、一九三〇年の『貨幣論』以降、ケインズは自らを含む当時の経済学者の理論がひどく現実と合わないのではないかという思いに捕われ、若い研究者とともに経済学の見直しの作業を始める。こうした「サーカス」という名の研究会での成果を世に問うたのが一九三六年の『雇用・利子および貨幣の一般理論』であった。現実の経済政策に携わったケインズ、そして、若い頃、不確実な現実と人間との関係を考える確率を研究していたケインズが、ここで経済学者としてのケインズと一体となったのである。『一般理論』はイギリス国内では大きな論争を巻き起こすとともに、ニューディール政策によって不景気からの脱却の道を求めていたアメリカには熱狂的に受け入れられた。ケインズは一躍時代の寵児となったのである。

やがて、第二次世界大戦が終結に近づくと、ケインズには激務の日々が待っていた。戦後の国際的な金融・通貨制度をどうするかの会議が開かれるようになり、ケインズはイギリスの代表の一人としてアメリカの案と渡り合ったのである。内容の違いを簡単に言えば、アメリカは国際通貨をドルにすることを提案したのに対し、ケインズは一国の経済状況に左右されない人工通貨を作るべきだとしたのである。発言力の強いアメリカの案に基づいて戦後のいわゆるＩＭＦ体制が成立したのは知っての通りである。ドルを基準に通貨の価値を決めていた体制が一九七〇年代初めに壊れてから、為替差益を求めて世界中を資金が飛び回り、それがまた為替レートを不安定にすることが問題となっている。今また、ケインズの案が見直されるべきときが来ているのかもしれない。

この激務で、持病のあった心臓の調子を悪くしていたケインズは、一九四六年、妻と母親に看取られてティルトンの別荘で亡くなった。だが、不活動より活動を好むと明言したケインズにとって、自分の生涯は悔いの残らないものであったに違いない。

†不確実な現実と経済

ケインズは若い頃確率の研究をしていたが、それは不確実な現実の中で人間はいかにして合理的な決断を下すことができるのかという疑問から発したものだった。まさに経済の世界は、どうなるか決して分からない将来に向かって決断を積み重ねることで動いている。ケインズは、自分の考え方を形作るにあたって、従来の経済学にはなかったこの観点を軸に据えようとした。

私たちが日常不確実性に対処するにはどうするだろうか。何か保険のようなものに入るのが一番であろう。だが、保険に入るには保険料が必要だ。そこで、私たちは重大な損害をもたらす可能性のある危険についてだけ保険に入る。同じようなことを私たちは経済の世界でもしている。私たちが財産を管理するとき、できるだけ安全で確実なかたちで持とうとするだろう。財産とはそれで品物やサービスを買うことのできる力だから、お金そのものがそれを代表すると言っていい。だがお金をそのままのかたちで持つことは費用がかかる。保険と同じだ。お金を持つ費用とはそれをさまざまな証券のかたちで運用したり、それを元手に商売したりしたならば得られたであろう利益である。そのため、私たちは財産を家に現金のかたちで持つときは極力、毎日の買い物や不意の出費用だけに額を抑え、それ以外は利子のつくものに運用する。そのときでも、利子と元本が保証されるという意味で安全な銀行預金にこれくらい、儲けは大きいが利子や元本が変動する証券や投信にはこれくらいという判断をするのである。さらに、それが土地であったり、自分で商売を始めたりということになると儲けも見込める分、全てを失う危険も大きくなる。

このように、運用に伴う危険を嫌って現金を手許に置いておこうとすることを、ケインズは独特の表現で流動性選好と呼んだ。流動性とはケインズの言い方でお金そのものを指す。なぜかと言うと、現金には、それを持っていけばすぐにお菓子にでも車にでも姿を変えるという性質があるからである。そのような融通無碍なところが流動的な性質そのものというわけだ。現金以外の資産にはこのような性質はない。たとえば、預金通帳をお店に持っていっても本は買えないのである。先ほど見た危険の大きい資産ほど、現金に変える手間とそのとき損をする危険が大きいことも分かるだろう。

だが、世間の不確実性を嫌って、みんながこの流動性選好を強めたらどうなるだろうか。お金が世間に出回らなくなりいわゆる金回りが悪くなるということが起こる。これは、自分で現金を持っていて商売を始めたり拡張したりする人が少なくなるということであるし、銀行借入や証券発行でお金を借りて商売を始めようとする人もそれが不可能になることである。こうして消費が小さくなるだけでなく、投資も小さくなってものが売れなくなるためにますます生産が落ち込み、それがさらに人々の不安をかき立てるのである。こうして一度不安が高まるとどんどん経済の状況は悪化することが起こるが、これが不景気という現象なのである。逆に人々が楽観的になると好景気になることも分かろう。

人々は自分だけ楽観的になっても大損をすることが分かっているので、何かのきっかけがないと不景気は終わらない。ケインズは経済の先行きへの明るい見通しをビジネス・コンフィデンスと呼び、何よりもこれが景気回復には重要とした。しかし、それが見込めない場合、どうしても政府が出ていかざるを得ない。ケインズ以前の経済学では不景気が起こるのは何かみんな判断を誤っているからだと考えるので、放っておいてもやがてその間違いに気づくとしてしまう。しかし、ケインズの言うように、人々が自分の感じる不確実性に適切に対処する結果不景気が起こるのだとすれば、誰かが何かしなくてはならないのである。

政府は、人々がお金を手許にたくさん置いても金詰まりにならないように新しいお金を市中に流す。これが金融政策と呼ばれる方法で、公開市場操作といって日本銀行が民間から証券を買い取ったり、公定歩合操作といって民間の銀行が日本銀行から借入をするときの金利を下げたりして行なわれる。ところが、みんなの不安があまりにも高まっていたり、不景気が実に深刻であったりすると、新しく出すお金がブラックホールのような自宅の金庫にどんどん吸い込まれてしまうことになるかもしれない。これがケインズの言う「流動性の罠」という事態である。

こういう深刻な場合には、政府が率先して物を買いなさい、それによって、景気回復の道筋をつけてみんなの不安を解消しなさい、というのが財政政策である。ケインズは深刻な不景気には政府が赤字を膨らませてもそうしなさいと言う。景気が回復したら税収がアップしてそれを取り戻せるからである。

こうした政府の理性的な介入は人々の経済の仕組みへの認識を徐々に深くしていくだろうから、自分たちの孫の世代には人間は景気の変動とおさらばしているだろうとケインズは予言した。現実は残念ながら知っての通りで、この予言はケインズの理性への深い信頼を表わす言葉と受けとっておいた方がいいだろう。また、金詰まりが投資を減らして景気を悪化させる回路を断つためにケインズは、「投資の社会化」を提案する。これは言うまでもなく、政府が企業の投資を直接決定することで、景気が減速してもそれ以上投資が減らないようにして景気循環の原因を絶つという案である。しかし、ケインズは社会主義を肯定していなかったから、企業は株主によって私有されているのであろう。そしておそらく、経営も株主総会で選ばれた重役が行なうのだが、投資計画については政府が強力に口出しをするなり、利益保証をすることで政策的に実施させようというイメージなのだろう。だが、これはこれで国民の合意が得られるかどうかなかなか難しそうである。

†囚人のジレンマ・ゲームと不景気

互いに相手の出方を見ながら自分の利益を最大にしようとして行動するとき、落ち着きどころがどこになるかということから、人間の行動を理解しようとする分野を現代経済学ではゲーム理論と呼んでいる。二人以上の人が互いの間で交渉し合うそのやり取りをゲームというかたちで理解するわけだが、戦略と呼ばれるゲームの手と利得と呼ばれるその結果がどういう関係になっているかでさまざまなゲームを考えることができる。

日本人は自分さえ一生懸命にやれば成功すると考えがちだが、そんなことはない。相手の出方を考えた上で自分の出方を決めるというやり方で、最善の手で勝とうとすることよりも相手に負けない手を考える方がよっぽど勝ちに繋がるのである。これからの競争時代に肝に命じておきたい教訓である。

さて、ここで見るのは囚人のジレンマ・ゲームと呼ばれる最も有名なゲームだが、このゲームは人間関係のさまざまな場面に見られるジレンマ状況を分かりやすく示してくれるものである。ジレンマがジレンマであるゆえんは、各人は自分の利益を最大にしているという意味で合理的に行動しているにもかかわらず、不本意な状況に陥ってしまい各人だけの力だけではどうしようもないということにある。表を使ってこの囚人のジレンマ・ゲームを説明してみよう。囚人のジレンマの名は、その状況が互いに隔離されて別々に取り調べを受けている共犯の犯人たちの置かれた状況に似ているとされることから来ている。自白すべきかせざるべきか、それが問題だ。

A＼B	しない	す　る
しない	100,100	200,0
す　る	0,200	150,150

いまＡＢ二つの会社があるとしよう。どちらの会社も投資をするかどうか迷っている。二社とも二〇〇万円ずつの投資をすれば景気がよくなり全体として売り上げが七〇〇万円になるのでＡＢ両者ともに投資金額を上回って一五〇万円ずつの利益をあげることができる。逆に両者とも投資をしなければ売り上げは全体として二〇〇万円のままで、利益は二社とも現在の一〇〇万円にとどまる。ところが、片方の会社は投資をせず、もう片方の会社だけ投資をしたとすると、景気は少しよくなるので売り上げが四〇〇万円になるとしよう。すると投資をしなかった会社はまるまる二〇〇万円が利益になるのに対して、投資をした会社は二〇〇万円引く二〇〇万円で利益はゼロに

なってしまう。相手がどう出るか分からない二つの会社は、それぞれ、自分だけが投資をしたときに損をすることを恐れて結局投資をしないことを決めるだろう。表から明らかなように、本当は二社ともに投資をして景気を回復させた方がいいはずなのに、合理的に判断する結果は投資をしないということになってしまうのである。このように当事者どうしではどうしようもない状況に陥って景気が停滞しているのが不景気であり、ケインズはこのジレンマ状況を打開するために政府の介入が必要だと説いたと考えられる。

政府の介入によっていったん景気が回復すると、二つの会社は何らかのきっかけがない限り投資を続けることを選ぶので好景気は持続することになる。一度きりの利益だけを考えると、相手を出し抜いて投資をしない方が利益が一五〇万円から二〇〇万円になるのでいいように思うかもしれないが、これをすると翌年から相手も投資をしなくなり不景気に陥ってしまうので互いにそうしないのである。このように囚人のジレンマ状況は利害が継続的に関係し合う場合には避けることができる。

13 創造的破壊

Schumpeter, *Theorie der wirtschaftlichen Entwicklung.*
シュンペーター『経済発展の理論』1912年

†誇り高き生涯

シュンペーターはプライドの高い人である。彼は自分の理論に十分な自身を持ち、信ずるところを述べ続けていった。しかし、彼の理論は時代の大きな流れの中で主流の考えとしては残らなかった。そのとき彼は経済学の歴史を語り、未来への予言を残していった。よき教師として多くの有能な学者を育てた。一人の偉大な個性として語り継がれる業績を残していったのである。ちょうど彼の理論の中の企業家がそうであるように。

シュンペーターは一八八三年、当時オーストリア領であったトリエーシュという町に工場経営者の息子として生まれた。幼いうちに父親を失った彼は、母親とともにグラーツの街に移り、その街で母親は元陸軍中尉と再婚する。これは母親が息子に上流階級の教育を受けさせたいという思いからのものだったようだが、その通り、シュンペーターは貴族の子弟も多く学ぶ名門高校で勉強することになった。一九〇一年、ウィーン大学に進んだシュンペーターは、当時勃興しつつあった近代的な経済理論を精力的に学び、一九〇八年にはそれを紹介する処女作『理論経済学の本質と主要内容』を二〇代半ばで出版した。この本は広く読まれ、シュンペーターは新設大学に教授職を得る。旅先で何の資料もないまま記憶を頼りに書かれた本と言われるが、彼の早熟ぶりを示す逸話である。

処女作で数理的な経済理論のすばらしさを説いたシュンペーターだったが、同時に現状には不満も持っていた。一九一二年には彼自身の考えを確立した『経済発展の理論』を出版し、経済の動きについての独特の視点を示すことになる。さらに、一九一四年には、マックス・ヴェーバーの編纂する叢書で『経済学史』を担当し、未だ色褪せることのない経済学の歴史を著すなど、実に矢継ぎ早な仕事を成し遂げた。

こうして学者としての地歩を固める一方でシュンペーターは、政治や実業の世界にも高い関心を示した。第一次世界大戦の終結で帝政が終わるとオーストリアでは連立内閣が成立したが、そこに彼の大学時代の友人で社会主義者のオットー・バウアーが入っていた。バウアーはシュンペーターを一九一九年、大蔵大臣に推薦する。だが、戦時中の公債を償還することを優先するシュンペーターの政策は社会主義者との対立を生み、結局彼は七カ月で辞任に追い込まれた。その後、彼は傾きかけた銀行の頭取を引き受けるが経営危機は深刻化し、彼自身個人で莫大な借金を背負ってしまった。一九二四年、シュンペーターは新天地を求めるべく、ドイツのボン大学を経てアメリカのハーバード大学に移ることになった。

アメリカではシュンペーターは純粋にアカデミックな仕事に専念し、一九三六年には大著『景気循環論』を出版する。しかし、一九三六年に出たケインズの『一般理論』の評判はシュンペーターの意に反して彼の著作への関心をかき消してしまった。そういえば、実業や政治の世界でもケインズの華やかさに対してシュンペーターは誇り高き挫折という対称性を示しているのが興味深い。もっとも、博識な彼の講義は学生の人気の的で、教室にはいつも座りきれないほどの学生が集まったという。一九五〇年、シュンペーターは、前の二人と離婚、死別ののち、最後まで添い遂げた三人目の妻、エリザベスの山荘で静かに息を引き取った。孤高の生涯という言い方がふさわしいだろう。

†イノベーションと景気循環

シュンペーターは、近代的な経済学が主張する均衡という考え方を大変重視する。私たちの経済は競争をくり返す結果、供給と需要とが至る所でバランスし、適正な価格に基づいてあらゆるものが取引される安定した状態がもたらされる。しかし、この安定した状態だけでは、企業や個人はたいした利益が得られないし、そもそも世の中に新しい品物が出回ったり技術が進歩したりといった変化が見られないはずである。つまり、均衡だけを見ていては経済の持っているダイナミックな側面を見失ってしまう。シュンペーターはそう考えた。

シュンペーターは、経済の中で、従来の技術や製品に満足せず、自分の野望と利益のために新しいものを作り出そうとしている人々を、特別な意味を込めて企業家と呼ぶ。だから、単に商店や工場を経営していても、日々の状態に満足していればその人は企業家ではない。たとえば、自動車を作っている会社で、一台をもっと安く作れないか、もっと斬新なデザインの車はないか、組み入れるべき新しい装置はないか、など常に改善や革新を追い求める人間、それが企業家である。シュンペーターはそのような新しい創意工夫のことを新結合と呼んだ。企業家は自分自身が技術者であることもあるし、お金を持った実業家であることもあるが、何も持たなくてもいいのである。経済の中を見渡して、自分の新しいアイディアでまだ使われていない技術を資金、人材を結び付けるような仕事さえできればいい。クリエイティブな感性と実行力こそ企業家の資質である。こうして成し遂げられる技術革新や新製品の開発など、イノベーションによって経済はダイナミックに日々その姿を変えながら発展していく。

ところで、すべての経営者が企業家であるわけではない。自動車の業界でもあるときにイノベーションを成し遂げる経営者は少数ないしは一人であろう。そうすれば自動車ユーザーの関心は彼の車だけに向かい、イノベーションを成し遂げた経営者は大変な利益を得るだろう。まさにこのためにこそ企業家はがんばるのである。しかし、やがて彼の開発した新しい技術や自動車のデザインは他の経営者が次々と真似ていくことになる。そうなると競争によって、イノベーションを成し遂げた経営者の利益はだんだん小さくなり、彼の工夫したものが自動車の標準となるから、自動車の市場は再び安定に向かっていく。このように、放っておけば均衡という静かな状態に戻ろうとする経済に石を投げて波紋を広げ、新しい状態へとジャンプさせる役割を果たすのが企業家なのである。これはまさに、現代で言うところのベンチャービジネス、ニュービジネスと呼ばれるものに他ならない。シュンペーターはベンチャービジネスの教祖様と言っていいのである。

現代のベンチャービジネス、ニュービジネスも、とりわけ日本では資金不足ということが一番の問題のようだ。技術やアイディアがあっても元手のない人は多く、彼にお金を貸してくれる機関や個人も見つかりにくいのである。シュンペーターもこれを心配し、経済の発展にとって銀行の役割がいかに大きいかを力説する。銀行は多くの企業家候補の中からものになる人物を見つける眼力とそのリスクを負う度量とがなくてはならない。銀行とは企業家という金の卵を孵化させる孵卵器の役目を果たすべき機関なのだ。

ある企業家が自動車の全く新しいデザインを作り出すと、経済の安定にさざなみが起こる。自動車ユーザーは彼の自動車を求めて買うようになるし、買い換えの需要もにわかに増加するだろう。また、他の経営者も遅れをとってはならじと彼のデザインを真似するために新しい機械を買ったり工場の仕様を変えたりと投資を増やすはずだ。これはつまり好景気である。好景気の波は企業家のイノベーションによって始まる。だが、模倣が行き渡り、新車の購入も一段落すると市場は再び安定を取り戻す。この安定ないし停滞が不景気であるとシュンペーターは言う。そのため、不景気は新しいイノベーションのための準備であり、そのこと自体心配すべきものではないという発想をシュンペーターはとる。

このようなイノベーションが自動車業界だけでなくいろいろな産業で同時に起こるのはなぜかということが次に問題にならざるを得ない。その答えは現代では、汎用的な技術の開発が全ての産業に影響を及ぼすということに求められている。統計的には、その波は約五〇年周期でやってくると言われており、それによって引き起こされるもっとも長期の景気循環をコンドラチェフ波と呼ぶ。シュンペーターの理論がもっともよくあてはまる循環である。ついでながら、建物の建て換え時期が原因で起こるとされる二〇年周期の景気循環をクズネッツ波、機械の買い換え時期が原因で起こるとされる一〇年周期の景気循環をジュグラー波、最も短い、在庫が捌《さば》ける期間が原因で起こるとされる四〇カ月周期の景気循環をキチン波と呼ぶ。

さて、このようにシュンペーターは経済を発展させる動力を企業家のイノベーションとそれによって引き起こされる景気循環のプロセスに見た。しかし、このような企業家の登場は現代に近づくほど難しくなっているというのがシュンペーターの判断であった。一人の経営者の判断は、会社組織が大きくなるにつれてそのままでは通用しなくなり、組織的な判断が優先されるようになる。組織的な判断はみんなの意見のあいだをとって物事を決めるということにならざるを得ないから、会社は大胆な行動がしにくくなるし、そうであれば業界全体としても変化よりも安定を望むようになるだろう。こうして安定はしているが組織大事の沈滞した経済が訪れてしまうのではないか、というのがシュンペーターの懸念であった。そのような近未来の経済をシュンペーターは「社会主義」と呼び、私たちの生きる市場経済は成功したがゆえに「社会主義」に移行する、と逆説的に表現したのであった。さて、時代はベンチャーの方向に向かっているのだろうか、それとも「社会主義」に向かっているのだろうか。

†信用創造

シュンペーターの理論では企業家に資金を与える銀行家も大きな役割を果たしていた。一般に銀行等の金融機関は、経済の発展という意味でどのような役割を果たしているのだろうか。通常、金融機関は資金の仲介をその仕事としていると言われる。しかし、預金などで集めた現金をそのまま会社に貸し付けるのでは何の芸もないし、そうであるなら皆が金融機関の商売を始めるようになって銀行は利鞘を稼げなくなるだろう。

実際に金融機関がやっているのは、どこにどれだけお金を持っている人がいてどこにどれだけお金を必要としている人がいるか、そして、お金を必要としている人はどれだけの技術や能力を持っているかという情報を費用をかけて生産することである。社会はその費用に対して利鞘という形で報酬を払っていると考えることができる。何でも生産するときは大規模にやった方が費用が安くすむ。そのため、金融機関もたくさんの会社、たくさんの家計がある割には数が少ない。金融機関は証券会社のようにその情報をお客さんに売っても商売しているが、銀行のように自分でその情報を使って資金を動かしていることも多い。

こうした専門の業者がいることで社会はメリットを受けるが、そのメリットはお金が実際の現金以

（万円）

預　金	5000	4000	3200	2560	2048
貸　付	4000	3200	2560	2048	1638

5000
5000×0.8
5000×0.8×0.8
5000×0.8×0.8×0.8
・
・
・

□−□×0.8＝5000
□×0.2＝5000
□＝25000

上に増えて金回りがよくなり経済が発展する、という形で現れる。これを信用創造というが、そのメカニズムを見てみよう。

　銀行が五〇〇〇万円の預金を元に貸付を行なう。ただし、銀行が金庫に預金引き出し用の準備としておいておく支払準備金を預金の二割とする。まず、表のように四〇〇〇万円が取引先の会社に貸し付けられる。この会社はその四〇〇〇万円で支払いを行ない、お金は回り回ってどこかの会社ないしは個人に落ち着くだろう。その会社か個人もこの銀行の取引先であれば、四〇〇〇万円のお金は預金の形で銀行に戻ってくる。銀行はこの四〇〇〇万円の八割にあたる三二〇〇万円を再びどこか取引先の会社に貸し付ける。こうしたことのくり返しは最初の五〇〇〇万円をいわばタネにしてその何倍もの資金を経済の中に作り出したのと同じ効果があることが分かるだろう。

　では、総額でいったいいくらの資金が作り出されたのだろうか。これは次のような計算で求められる。今、その求めたい総額を□円とする。図の□の枠の合計がそれにあたる。この□に〇・八をかけてみよう。すると、□とその値の差が当初の五〇〇〇万円になることが分かるだろう。この式から□の値を求めると、二億五〇〇〇万円になる。銀行は自らの信用で当初の五倍の資金を社会に提供したのである。

14 悪魔の挽き臼

Polanyi, *The Great Transformation.*
ポランニー『大転換』1944年

†文明論から歴史へ

ポランニーは一八八六年、ユダヤ系ハンガリー人の父親とユダヤ系ロシア人の母親とのあいだに、ウィーンで産声をあげた。兄弟は早くに亡くなった一人を含めて六人であった。父親は大学出の鉄道技師でポランニーが生まれたときも鉄道建設の仕事のためにウィーンに滞在していたのだった。ポランニーが生まれて間もなく一家はやはり父親の仕事の関係でブダペストに移り住んだ。したがって、ポランニーは大学を出るまでブダペストで過ごすことになるが、ちなみにハンガリー読みの名前はポラニー・カーロイである。ハンガリー語では日本語と同じく名字を先に名前を後に言う。これはハンガリー人の先祖がかつて中国北方に住んでいたフン族の末裔であることの名残りだというがよくは分からない。ハンガリーの国名もフン族のガリアということに由来している。

　ポランニーの父親はブダペストに移ると鉄道建設の仕事で独立を図るが事業に失敗し、借金返済のための出稼ぎの途中、ポランニーがブダペスト大学に進んだ翌年に亡くなってしまう。ポランニーは大学で法学を学ぶが、当時盛んになりつつあった社会主義運動に参加したかどで停学処分となったため大学を移らざるを得なかった。彼は移った先の大学でも青年の社会主義運動の指導者的役割を果たし、彼の結成したガリレイ・サークルには二〇〇〇人ともいう学生が集まって討論や研究会が催された。ガリレイ・サークルの名はあのガリレオ・ガリレイに由来しているが、カトリック教会の弾圧にも屈せず「それでも地球は動いている」と呟《つぶや》いたガリレイに反動と戦う知識人の姿を重ねたわけである。ポランニーは父を失った家計を支えるためにおじの事務所で弁護士として働きながらこうした活動も行なっていたため、からだをこわすこともしばしばだった。

　こうしたなか、第一次世界大戦が始まると、ポランニーは陸軍大尉として戦線に出ることになり、負傷して入院を余儀なくされる。その間に起きたハンガリーの社会主義革命とその後の反革命という激動のなか、彼は傷ついたからだのままウィーンに逃れなくてはならなかった。そこでかつての同志でやはりオーストリアに亡命していたイロナと結婚したポランニーは、雑誌の編集者、執筆者として公私ともに充実した三〇代、四〇代を過ごすことになる。ところがオーストリアに成立したファシズム政権は革新勢力を弾圧し始めたため、ポランニーはイギリスに渡り、さまざまな大学で非常勤の講義や旺盛な執筆活動を行なったりした。この間アメリカでも講義を行なっていたポランニーは、ロックフェラー財団の研究奨学金を受けられることになり、それを使って一九四四年、主著の『大転換』をニューヨークで出版したのであった。

第二次世界大戦後、ポランニーはブダペスト大学での教授職を望んだが叶えられず、ニューヨークのコロンビア大学で教えることになった。ハンガリー共産党員だった妻がアメリカ入国を拒否されたので、カナダのトロント郊外に住んで国境を越えて通勤するという毎日だった。熟年期を迎えてから大学に安定した職を得たポランニーは、文明批評的な研究を深め、経済人類学という分野を開拓していくことになる。これは、現在の経済の中で当たり前のように使われているお金や市場といった仕組みが、世界各地域の過去の社会でどのような姿をしていたか、どのように発展してきたかを文献や観察によって実証的に探る研究である。彼はこの新しい研究分野を多くの弟子とともに切り拓いていったが、一九六四年、七七歳で他界した。ポランニーの仕事は彼の文明論から歴史研究に至るまで、いつも社会を冷静に客観的に見る視点に貫かれている。彼の生涯を考えると、ハンガリー出身の一知識人として常に異邦人の視点から社会を見ていた体験にその方法は由来しているのかもしれないと思える。

†複合社会における自由

彼は主著『大転換』において、私たちがもはや当たり前のものと思っている市場経済のさまざまな仕組みが、当然のことながら歴史的には、一九世紀という特別な時代に成立したかなり特殊なものだということを指摘した。というのは、人類の長い歴史のなかで、経済が社会から全く切り離され独立した領域として追求されることは一九世紀以降初めて生じた特殊な現象だったからである。ポランニーによればかつては経済は社会に埋め込まれていて、家族関係や地域社会の関係と物の生産や流通は切り離して考えられないものだった。ごく原初的な社会では、物の交換は他人との結び付きを確認するための贈り物や儀礼を通じてのみ行なわれていた。また、中央集権的に王様の支配する国では、いったん都に集めた地域の産物を再び各地域に授けるという形で事実上の品物の流通が行なわれていたのである。ところが、現在では、物の交換は利益を求めての商品どうしの交換になっているし、流通もまた値段の安い地域から高い地域へと流れていく。経済的な利害が第一の決定要因となって、社会のさまざまな繋がりを配慮することなしに経済は動いていくのである。もっとも、日本では前者はお歳暮、お中元の形で、後者も政治の世界の資金移動の形で残っているのかもしれないが。

ポランニーは、このような経済優先の特殊な社会が成立した背景には、一九世紀の初めに人類がそれまでのタブーを犯して商品になるべきでないものを商品にしたことがあると言う。こうした擬制商品には、労働と土地と貨幣があるというのがポランニーの判断だ。労働は時間単位で売られて代価が給料として支払われる商品だが、考えてみればその担い手は生身の人間である。生身の人間の生活する時間の一部が商品になるということは、やはり人間そのものの尊厳の軽視に繋がらざるを得ない。利益追求のために本人も肉体を酷使して働かざるを得なかったり、逆に人を人とも思わない使い方をしたりということも起こるだろう。さらに、愛情や性行為までも商品として販売したり、金のために人を殺《あや》めるということにも至るのである。また、土地はそれを借りたりそこにある資源を利用したりすることに地代が支払われる商品だが、実際には自然そのものに他ならない。本来地球環境の一部を構成し、経済的利益にとどまらないさまざまな便益を生むはずの自然が、金になるようなかたちに直すために乱開発されたり、資源を短期間に枯渇させるような使われ方をしたりしてしまう。これらと少し性格を異にするのが貨幣、つまりお金だが、本来商品を売買するための工夫、手段として生まれたはずの貨幣が、今度はそれ自体商品として利子という代価によって売買される。お金の貸し借りによって当面お金を使わない人からお金を使いたい人に資金が流れることは経済の発展にはよいことだが、やはり行き過ぎは社会の荒廃を招くのである。特に現在は、多額の資金がちょっとした利鞘をめざして短時間に世界中を駆け巡るようになっている。少しでも儲かるとなると一気に資金がそこに流入して一時的にその国、地域では経済の急発展が見られる。ところが、そこにうま味がなくなるや否や、資金は物凄い勢いで引き上げられ、あとには不況で倒産した会社とそれまでの生活環境を破壊されたまま放り出された失業者の群れだけが残るのである。近年のアジアの経済危機はこうしてもたらされたものだ。

このように市場経済は、本来商品ではない人間と自然を商品に仕立てることで成立し、社会から離脱してむしろ社会をその中に取り込んでしまったのである。そこでは商品を流通させるための道具であったお金までもがさらに商品となり、市場経済自身を世界の隅々、社会の隅々までに浸透させていく。だが、こうした市場経済の横暴に対して社会の側もまた自己防衛するという観点がポランニーにはある。かつてそれは、浮浪者を教会が慈善事業として救うことから始まる、イギリスの救貧法などとして見られた。今で言えば、社会保障制度がそれにあたろう。しかし、社会保険や基礎年金は今や国の財政危機と高齢社会の進展による負担増でむしろ削減される方向にあることはご存じだろう。ここでも市場経済の論理が優先せざるを得なくなっているのである。

ポランニーによると、それでも一九世紀までは市場経済と社会の自己防衛の力とはある意味でバランスをとっていたという。しかし、二〇世紀はこのバランスが崩れ、市場経済が社会のあらゆる部面を飲み込もうとしている時代だったと言うのである。このように、人間によって構成され自然によって支えられている社会を粉々に打ち砕く市場経済をポランニーは「悪魔の挽き臼」と比喩した。だが、その状況の中で人類は、市場経済を制御し、なんとか社会と調和させる方向を追い求めるようになっているという。ポランニーによればその方向は論理的な可能性として二つある。一つは社会を市場経済に従わせる方向であり、これがファシズムである。ファシズムの全体主義と指導者理念は合理的・効率的に物を生産し流通させるにはある意味で最適であろう。しかし、そこでは個人の自由は無駄なこととして許されない。もう一つの方向は市場経済を社会に従わせる方向であり、これがポランニーの信じる社会主義である。もっとも、あたかも全体主義のようになってしまった現実の社会主義国の体制を彼はよしとするわけでなく、民主的に経済運営を計画し制御していく体制を考えているのである。このように市場経済とそれをコントロールしようという叡智とが共存する現代をポランニーは複合社会と呼んだ。ファシズムや社会主義という言葉をあえて使わず、いま人類に問われているのは、

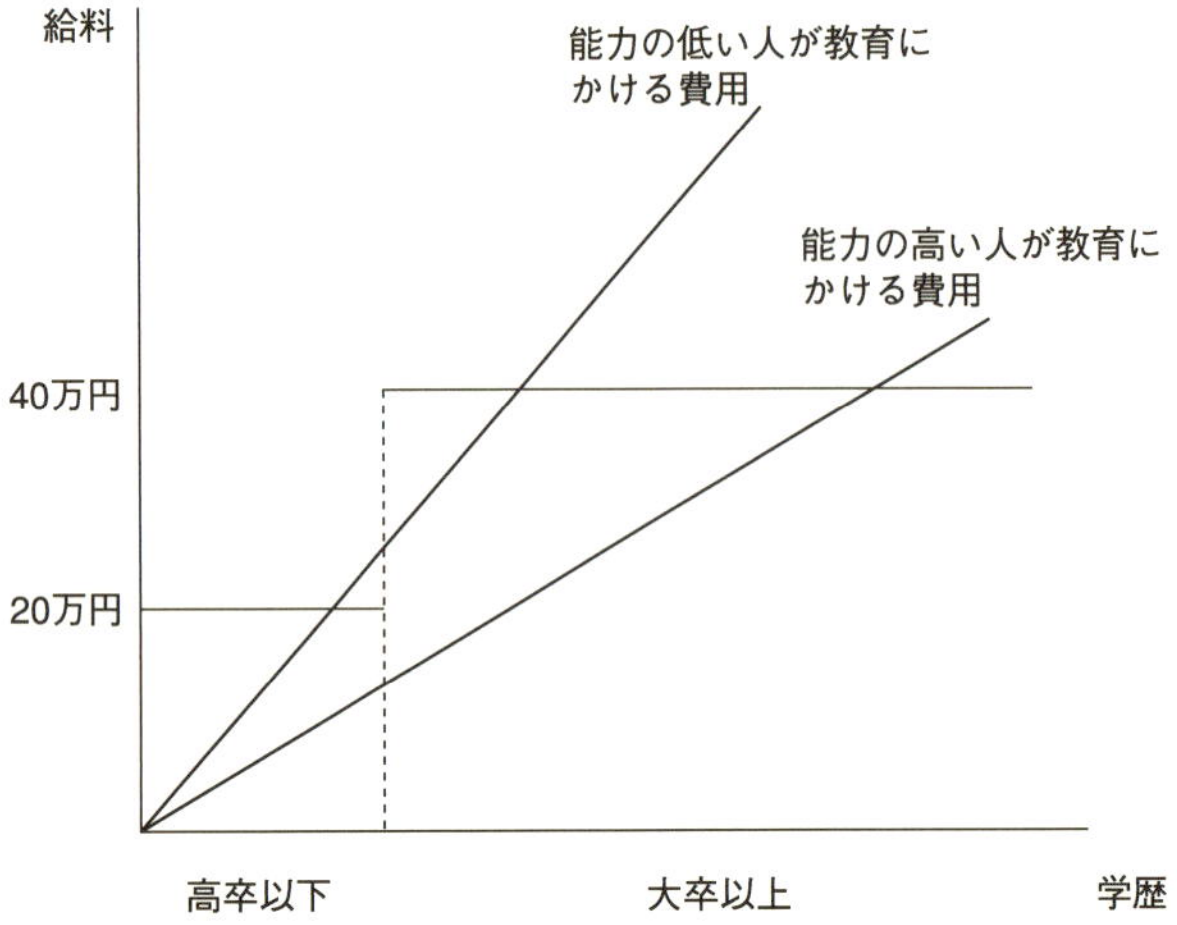

あくまでも効率を追い求めて人間性を失うことなのか、それとも無駄は多くともゆっくり自然と共存しながら進むことかである、と言えばポランニーの真意が分かってもらえるだろう。

†自己選択とシグナリング

私たちはそれと意識しなくとも、自分だけの利益を追い求めるあまり結局は市場経済の仕組みを自ら進んで支えているというのが現状であろう。さらに、このことは、自分の利益を追求することが、自分でも知らないうちに自分の有する資産や能力などのあまり言いたくない情報も他人に筒抜けにしてしまうというメカニズムを生むことにもなる。自己選択と呼ばれるこのメカニズムは、もちろんうまく使えば本当のことを他人に言わせるときの工夫としても有効である。「いま五〇万円銀行に預けようと思っているんだけどどうしようかな」とかまをかけて、聞き流せば彼の事業は大丈夫、大いに関心を示せば危ない、ということが分かろう。このように、自己選択において、隠された情報を別な記号で示すことをシグナリングと呼ぶ。

自己選択の代表例の一つとして、個人の能力が学歴というシグナルで示されるということがある。学歴社会は是正が叫ばれて久しいが、いまだに高学歴者ほど能力が高いと思われている。それには裏づけがあるのだろうか。これは、無理に学歴を稼ごうとしても能力の低い人は人よりたくさんの金や時間がかかって割に合わないということから合理的に説明できるのである。前頁の図のように学歴が高卒以下の人は給料が二〇万円、大卒以上の人は四〇万円であるとする。一方、より右の高い学歴に進む費用は学歴に比例して伸びていくとしよう。当然能力が低い人は能力が高い人より苦労しないと高学歴に進めないから費用の直線の傾きは急である。自分の費用の直線が給料の水平線を最初に突き抜けるところまで学歴が進むと、本人がこれ以上やっても割に合わないと感じるのでそこから働き始める。こうして、結局能力の低い人は低学歴、能力の高い人ほど高学歴を選ぶので、学歴は能力のシグナルとして役立つのである。

15

漸次的社会工学

Popper, *The Poverty of Historicism.*

ポパー『歴史主義の貧困』1960年

†ポパーという人物

カール・ポパーは経済学者ではなく哲学者と呼んだほうがよい人物である。しかし、経済学の方法を考える上でも多くのヒントを残してくれたし、何よりもどんな社会が望ましいのか、私たちにとって正しい知識は何か、という、私たちが生きる上でも根源的な問題に深い思索を刻んでいった。彼は、私たちの生きる社会をよりよいものにしていく人間の営みを社会工学の名で呼ぶ。たとえば、山があって向こう側に行くときの妨げとなっているとき、人間は山をくり抜いてトンネルを造ってきた。この技術を土木工学と呼ぶ。また、多くの人間を住まわせたいのに十分な土地がないとき、人間は大きな高層ビルを建てて住居にしてきた。この技術は建築工学と呼ばれる。同じように人間が自分たちの住む社会をその叡知によって改善していきたいと考え、それを試みること、そしてその試みの在り方を社会工学と呼ぶのである。そして、ポパーはこの社会工学に決定的に異なった二つの在り方があるという。その違いはどこにあり、私たちはどちらの道を歩むべきなのだろうか。今、ポパーという真摯な思索者の言葉に耳を傾けてみようではないか。

†ポパーの生涯

ポパーは一九〇二年、ウィーンの街にユダヤ系の法律家の子として生まれた。早熟な青年であったポパーは一九一九年、ウィーン大学に正規でない学生として入学し、第一次世界大戦直後のヨーロッパにおいて盛んになりつつあった社会主義の考え方に傾倒し、その活動に参加していく。ところが、ポパーはこの社会主義運動の中で徐々に疑問を感じ始めるのである。当時の社会主義運動はすでにマルクスの科学的社会主義の考え方で統一されていた。さらに、ソ連の成立によってそこにレーニンらの強硬な考え方も加わり、社会主義運動に従事する人は社会主義政党の規律と指導に従って社会主義のために邁進《まいしん》すべきであると主張されるようになっていた。なぜなら、私たちの生きる市場経済は本来矛盾を抱えているのであり、歴史の法則に従ってやがて社会主義の経済にとって代わられるとそこでは考えられていたからである。確かに、市場経済には、貧富の格差や景気変動など多くの問題や矛盾が抱え込まれている。それを改善していくことは確かに重要なことである。だが、それが歴史の必然であるとはどういうことだろうか。何もせずに社会主義が訪れるわけでないことは明白である。したがって、社会主義の考えでは、歴史の法則という真理に従って自分を捨てることこそ正しいというロジックを持ち出してくるのである。だが、歴史の法則が真理であるのはなぜかという問いに対して、返ってくる答えはそれは真理だから真理だということであり、せいぜい、偉大な社会主義者であるマルクスがそう言っているからだということであった。

ポパーはこうした疑問によってすぐに社会主義への情熱を冷ましていく。そして、こうしたポパーの疑問は、人間にとって真理や真実とは何かという根源的な問題へと発展していくことになる。人間にとって正しい知識とは何か。私たちはどのような社会を正しい社会として追求していけばよいのか。そのような問題がポパーの生涯を通じた研究テーマとなっていく。

ポパーは、当時、科学の知識とはどのようなもので、どのような在り方をしているのかを精力的に研究していた集団であるウィーン学団に出入りするようになり、そこで哲学者としての素養を身につけていく。このように、人間の知識の有り様や知識を得るとはどういうことなのかを問題にする領域は、哲学の中でも特に認識論と呼ばれている。

だが、ポパーの独創的な考え方はなかなかウィーン学団の人々の受け入れるところとならなかったようである。ウィーン学団の認識論上の立場は論理実証主義と呼ばれているが、この考え方は、後に反証主義と呼ばれるようになるポパーの考え方とは相容れないものであった。

ヨーロッパにおいて認識論の哲学者として一定の認知を得てきていたポパーであったが、ヨーロッパにおいては研究者として安定した職を大学に得ることができなかった。ところが、このポパーに遠い国から大学のポストの申し出があった。ニュージーランドのカンタベリー大学である。私などは、土地も広く自然がいっぱいでフィヨルドの景観も美しいニュージーランドで仕事ができるなどなんと素晴しいことだろうと思う。実際、私はニュージーランド時代のポパーの書斎から見える風景の写真をどこかで見たことがあるが、広々とした平原に落ち着いた町並が広がり、その向こうには雪をいただいた山々がそびえる素晴しい景観であった。だが、地球のまるで反対側に当たるニュージーランドの大学の知的環境および教師としての処遇は、あまり望ましいものではなかったようである。結局、彼は、この申し出を受けて一九三七年、ニュージーランドに渡り、そこで一〇年間の緊張感に満ちた研究生活をおくることになる。

ニュージーランドで彼の思索はある完成に近づいていく。自分がかつて情熱を燃やした社会主義への疑問は歴史主義への懐疑として姿を現すようになる。歴史にはある法則性があり、この法則には逆らうことができないとして、一切の反論を排除する態度を彼は徹底して否定しようとする。彼のこの論文はヨーロッパの雑誌に三回に分けて掲載され、成功を見ることになる。この論文が一つにまとめられて出版されるのは第二次世界大戦後の一九五七年のことだが、論文内容はヨーロッパで大きな注目を集めることになった。当時のヨーロッパが戦っていたファシズムへの批判の視点があったからである。ちょうど、ポパーがニュージーランドでこの論文を書いている頃、ドイツではナチスが台頭し、ポパーと民族を同じくするユダヤ系の市民たちを迫害・虐殺していた。人種的に優等なゲルマン民族が劣等な民族を支配・征服するのは世界史の必然である、と言ってはばからなかったナチスへの怒りをポパーはこの論文にぶつけたのである。こうして彼の代表的著作となる『歴史主義の貧困』は誕生した。

思想家としての成功によってポパーは、一九四六年、イギリスのロンドン大学に招かれ、一九六九年に退職するまでその教授として過ごすことになる。それ以降、彼の思索は自由にはばたき、さまざまな分野に独創的な思索の跡を残していった。しかし、一九九四年に九二歳の天寿を全うするまで、彼の思索を貫いていた一筋の糸、それこそが反証可能性の考え方であった。

†反証可能性ということ

ポパーの思想を反証主義の名で呼ぶことがある。これは、狭い意味では彼の科学方法論に関わっての呼称なのだが、私はこの精神はポパーの思想すべてを貫いていたと考えている。反証主義とは、反証可能性こそが知識の真理性を支えているという考え方である。

まずは科学の話から始めよう。たとえば、「水は摂氏一〇〇度で沸騰する」という自然に関する知識を私たちが持っているとしよう。

この知識が真理であること、言い換えれば科学的知識であることはどうやって保証されるのだろうか。私たちはおそらく、最も素朴には次のように考えるだろう。この知識が真理であるのは、それが観察ないしは実験によって実証されたからであると。実はウィーン学団の論理実証主義というのも、この素朴な発想を論理学と認識論の言葉で多少高級に言い換えたものであった。ところが、この、正しい知識は実証によって得られるという考えは、ちょっと考えればすぐ分かるのだが、致命的な欠陥を持っているのである。論理実証主義の考えは、伝統的には帰納法と呼ばれてきた考えに属するのだが、その考えの持つ欠陥について、イギリスの哲学者バートランド・ラッセルは、次のような面白いたとえで説明している。

むかしむかし、あるところに鶏がいました。この鶏は卵からかえってこのかた、毎朝毎晩農家のおじいさんから餌をもらっていました。そこで、この賢い鶏は、おじいさんは永久に自分に餌をくれるものだという認識を得ました。ところが翌日、その鶏は小屋に入ってきたおじいさんによってひねり殺されてしまいました。

そうなのである。観察や実験によって正しい知識が得られるという立場は、今日まではそうだったかもしれないが、明日その知識に反する観察や実験結果が得られるかもしれないよ、という反論に有効に答えられないのである。

論理実証主義に対してポパーが用意した考えはどのようなものであろうか。それは、次のような驚くべきものであった。私たちの知識が真理であるとか、科学的であるとか言えるのは、その知識が反証できる可能性があるからである。「水は摂氏一〇〇度で沸騰する」という知識は、明らかに反証にさらされる。なぜなら、山に登ってご飯を炊いた人は水が九〇度で沸騰するのを見るであろうから。

また、圧力釜で水を沸かすという実験をすると摂氏一二〇度まで沸騰しないという結果が得られるだろうから。ポパーの逆説がお分かりだろうか。真理はそれが真理でなくなる可能性によって真理であることが保証されるのである。

このような反証を知った私たちは、「水は気圧によって、摂氏一〇〇度で沸騰したり、摂氏九〇度で沸騰したり、摂氏一二〇度で沸騰したりする」というより一般的な新しい知識を得ることになる。

このようにして科学は発展していくし、科学が科学でありうるのは、それが不変の真理から成っているからではなく、常に謙虚に反証に対して開かれているからなのである。

†「開かれた社会」をめざして

科学の認識論での反証可能性という考えは、ポパーが社会について考えるときにも一貫して導きの糸となっている。私たちの身の周りにも、知的に傲慢な人々、自分の信念が絶対的に正しいと考えて他人の考えに耳を貸さない人はいるだろう。ポパーの考えを援用するならば、そのような人は真理から最も遠い人である。

ポパーによれば、望ましい社会とは皆が同じことを考え、論争のない社会なのではなく、さまざまな考えを持つ人が集まり、皆が対等な立場で議論し、相手の意見にも謙虚に耳を傾ける社会なのである。こうしたほうがいいのではないか、いや違う、やはり君の意見のほうが望ましいようだと、このようにして社会は改善され、私たちの知識も新しい段階に進んでいく。ポパーは自由な意見交換が許され、少しずつ私たちの知識が改善されていく社会を「開かれた社会」と呼んだ。

このようにあたりまえに見えるポパーの社会観だが、私たちの周辺を見渡してみると「開かれた社会」から遠い現象が多いのに気づく。政治家どうしの論争は、政策の中味よりも党利党略のための駆け引きに満ちていないだろうか。学校のいじめの現場では、明らかに一人の子供を皆で無視し、彼の主張に耳を傾けないということが行なわれているではないか。自分を振り返ってみても、相手の意見が正しいと分かっているのに面子や意地のために受け入れないということがありはしないか。このように考えると、ポパーのシンプルな主張がいかに深い意味を持っているかに思い到るであろう。

ポパーが目にしたとおり、社会主義を主張する人々の一部には、社会主義が必ず到来するという真理を受け入れないのは古いイデオロギーに捕われているからだとか、社会主義がまだ到来しないのは社会主義運動が未だ十分に盛んになっていないからだとか、主張する人々もいる。このような言い方をすると、一切の反対意見を状況や反対者本人のせいにすることで退けてしまえるのである。ポパーはこうした主張の仕方を歴史主義と呼び、相手の反証に耳を貸さない点で、真理とは最も遠い在り方だと考えるのである。もちろん、宗教の中にも自分たちの主張を絶対と考え、それを信じないのは修行が足りないからだとか、悪い考えに捕われているからだとしてしまうものもある。このような在り方は、真理から最も遠いどころか危険ですらある。自分たちの主張に従わないものは悪であると考え、残忍な事件を引き起こした宗教団体があったことは記憶に新しい。

社会を私たちがどのように変えていったらいいのかについての考え方、つまり、社会工学は、二つに分けられるとポパーは言う。その二つとは、ユートピア社会工学とピースミール社会工学である。前者は、最善の社会を一気に実現しようとするのに対して、後者は、少しずつ少しずつ多くの人々の合意の下に社会を改善していこうとする。ユートピア社会工学は歴史主義や宗教運動と結び付きやすいことはすぐに分かる。だが、悪人や反対意見の存在しない社会など、実現可能であるとしても不気味ではないか。また、そのような社会が望ましいと全ての人が考えているわけでもないのに、それを実現しようと急進的な改革を押し進めることは、取り返しのつかない悲惨な事態を招くことがあろう。ポパーはそのようなユートピアを夢見るのではなく、多くの人々が議論を重ね、知恵を持ち寄りながら、徐々に社会をよりよきものにしていく以外に私たちの進むべき道はないと言ったのである。そしてそのような社会こそ、「開かれた社会」として、私たちの望むべき社会であるということにもなる。

†コアと仁

私がポパーの思想を振り返るとき、必ず思い浮かべる現代経済学上の考え方がある。それはコアと仁という考え方なのだが、用語からすぐ分かるようにもともとは生物学の細胞内部の呼称から借りてきた概念である。細胞膜の中は食塩水で満たされ、その中にいろいろな構造が浮かんでいるわけだが、生物の細胞の中でも一番重要な遺伝情報を保存しているところがコアであり、そのさらに中の遺伝子のある場所が仁である。

同様に、経済学のコアと仁も、コアの中の中心が仁であるという関係になっている。私たちが、いろいろな利益を分け合ったり、逆に費用を分担し合ったりというのは、日常生活の中でよくある場面であろう。現代経済学は、その際の最も合理的と思われる方法の一つが、分配・分担の仕方をコアの中から選ぶこと、あるいは仁を分配・分担の仕方とすることであると教えている。コアとは、その分配・分担に参加する誰もが反対しない分け方の集合であり、仁とはその中でもさらに、少しずつはあるみんなの不満がちょうど等しくなるような分け方なのである。

いま、個人A、個人B、個人Cの三人が協力すると二四万円の利益があげられるような事業があるとしよう。ABが協力すると二〇万円、ACが協力すると一五万円、BCが協力すると一〇万円の利益があるとする。このとき、三人は二四万円の利益をどのように分けるとよいのだろう。

このことを考えるために、正三角形の持つ面白い性質を利用しよう。正三角形はその中の一点から各辺に向かって垂線を引くとそれらの長さの合計が必ず高さに等しくなるという性質を持っている。次頁の図のように、高さ二四の正三角形を描き、ABCそれぞれの頂点の反対の辺からある点までの長さをその人の分け前とすると、正三角形の中の点が三人の分配の仕方のすべてを網羅することになる。

まず、Aの分け前から考えよう。Aはもちろんできるだけたくさん欲しいに決まっているが、BCが反対するので彼は一四万円以上の分け前にありつくことはできないだろう。なぜなら、それ以上を要求しても、BCが「おれたちだけで事業をしても一〇万円は儲かったのだから、君には二四引く一〇で一四万円以上はやれない」と主張するはずだからである。つまり、次頁の図でいえば、誰も反対

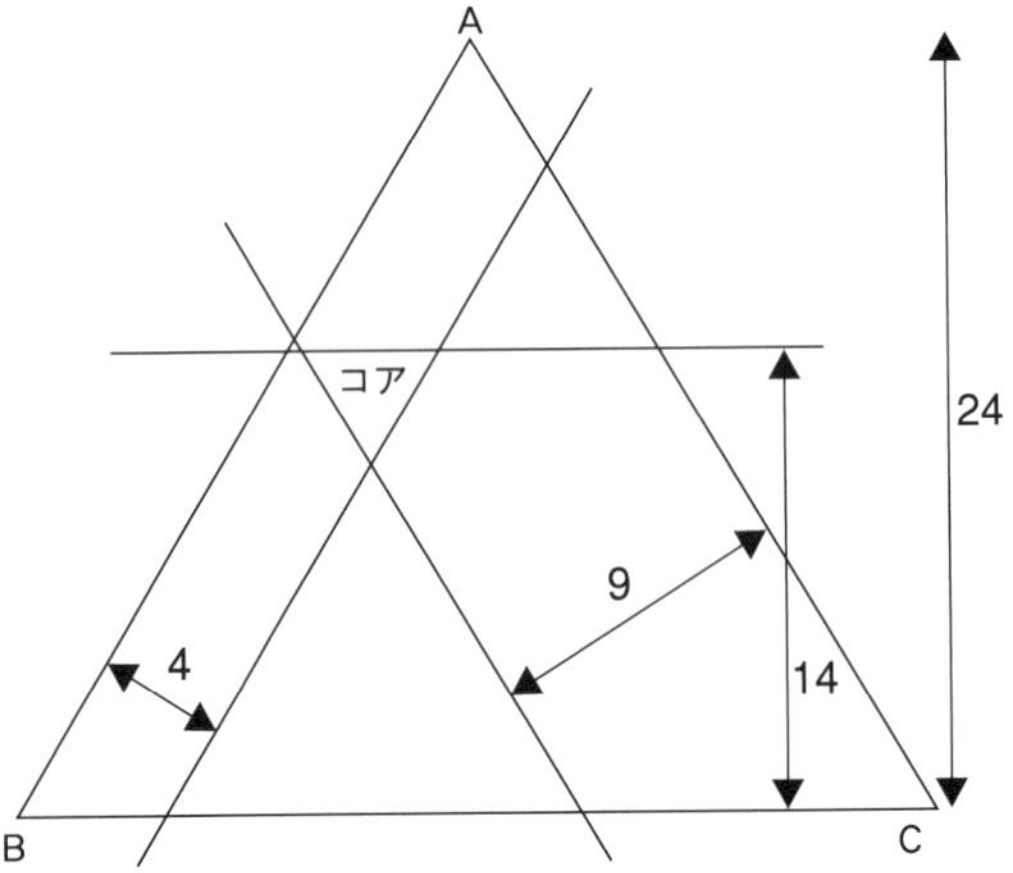

しない分け方はAの反対側の辺から高さ一四以下のところにあるはずである。同様にして、全ての個人について他の二人が反対しない分け方を考えれば、コアは図のようになり、その中から選ぶ限りは、三人とも不承不承でも受け入れざるを得ない分け方ということになるのである。

　コアの中心にあたる仁は、三人の不満が均等になる分け方ということなので、次の式を解くことで求められる。

14－Aの分け前＝9－Bの分け前＝4－Cの分け前
Aの分け前＋Bの分け前＋Cの分け前＝24

　つまり、Aに一三万円、Bに八万円、Cに三万円である。結構妥当な感じがしないだろうか。もし、あなたが、日常生活の中で分配問題に直面した場合、コア、そして仁の発想を思い出していただければ、無用なもめ事なしにことを片付けることができるかもしれない。

16 宇宙船地球号

Boulding, *Beyond Economics.*
ボールディング『経済学を超えて』1968年

†経済学から環境問題へ

地球を人類を運ぶ一隻の船にたとえることは今日ではそれほど珍しいことではない。何よりも、現在は宇宙から地球を見た本物の映像を目にすることは頻繁にあるし、間もなく観光で宇宙空間に出ることも現実のものとなるであろう。だが、そうした発想の起こりが一人の経済学者にあることはあまり知られていない。宇宙船地球号、そう私たちの惑星を名付けたのは、イギリスに生まれアメリカで活躍する経済学者ボールディングであった。

ボールディングはイギリスのリバプールに生まれ、イギリスの大学で経済学の教育を受けた。彼の専攻はマクロ経済学と呼ばれる分野であったが、この分野こそ、二〇世紀初めのイギリスを代表する経済学者ケインズが開いた分野であった。景気の変動を最小限にくい止め、一国の経済が安定して成長する方策を考えるマクロ経済学は、今世紀の初めにはこれまでの勢いを失って難しい舵とりを迫られていたイギリス経済がまさに必要とした分野であったのである。

だが、イギリスの凋落とアメリカの経済発展は、世界の経済の中心を大西洋をはさんだ向こう岸へ移動させつつあった。この変化は第二次世界大戦を経て決定的となり、それに伴って経済学の研究の中心地もアメリカに移っていったのである。ちょうどこの時期に経済学者として一人立ちしつつあったボールディングは、自らもアメリカに渡りそこで経済学の研究と教育にあたることになる。直感力の鋭い一流の研究者であったボールディングだが、彼の才能は同時に教育の面でも発揮された。ボールディングの処女作はマクロ経済学のテキストであったし、その中でもまた後の著作でも、マクロ経済学の考え方を理解させる独創的な工夫を彼は開発していった。私もずいぶん前に勉強した「水槽模型」は、マクロ経済学の大切な考え方であるフローとストックということを誰にでも分かるように教えてくれる。

こうしてアメリカのマクロ経済学者として成功を収めたボールディングだが、時代が世界同時の高度成長を経て、経済的豊かさよりも精神的豊かさを求めるようになると、それについてもいちはやく言及することになる。六〇年代には経済成長の弊害として環境破壊が問題になりつつあったし、アメリカでは人間の未来を期待させるものとして宇宙開発が人々の耳目を集めていた。この時代の雰囲気をうまく捉え、人類の新しい課題である環境問題について人々に分かりやすく説くための工夫が宇宙船地球号というキャッチフレーズだったのである。

†カウボーイ経済から宇宙人経済へ

私は『スタートレック』というアメリカのSFドラマが大好きで、テレビシリーズは最初から最新版まで見ているし、劇場版はビデオを購入してくり返し見ているほどである。このお話は、人間的な魅力と同時にさまざまな弱さを持つ登場人物たちが、宇宙の辺境の調査のために派遣された先でさまざまな困難を克服するというものである。ドラマそのものとは関係ないが、そのドラマを支える前提として私がいつも考えてしまうのは、宇宙旅行に必要な食料などの調達と生活に伴って出てくる廃棄物の捨て方である。きっと、今から何百年も後の話だから、私たちには想像もできない方法でそれらの問題を処理しているのだとは思うのだが、気になるところである。ただ、いずれにしても、宇宙船という密閉空間の中では、私たちは地上にいるときとは違った生活や考え方をすることを迫られることは想像に難くない。

実は、ボールディングも環境問題を私たちに真剣に考えてもらうために、経済についてのこれまでの考え方をカウボーイ経済と呼び、今後のあるべき考え方である宇宙人経済と比較してみせた。

まず、カウボーイ経済について考えよう。カウボーイは牛を移動させるために、必要な生活用品だけを馬に積んで何百マイルもの距離を移動して暮らしている。多くの物資を運んでいられないから、食料にしても燃料にしても可能な限り野営地で調達する。幸いにして西部は広く自然も豊かだから、魚や鳥はすぐに手に入るし、薪も辺りから集めれば不自由はない。食べかすや燃えかすもそのままほったらかしにしておいたところで誰の迷惑にもならないだろう。ボールディングによれば、私たちは経済をこれまでこのカウボーイの生活のように考えてきた。経済活動に必要な資源は辺りを探せばいくらでも手に入る。辺りに薪がなくなっても一マイルも向こうに行けばまたいい野営地はある。ゴミだっていくら捨てても広大な西部がゴミだらけになることはない。だから、経済活動の結果出てきた廃棄物もどんどん捨てていけばよいのである。経済を一つの機械のように考えれば、その機械の周りには資源の採掘場と廃棄物の捨て場があたかも無限のように広がっている。だとすれば、私たちは機械への資源の投入つまりインプットをできるだけ大きくし、できるだけ多くの製品を作るとともに廃棄物もどんどん出す、つまりアウトプットもできるだけ大きくすることを考えればよい、ということになろう。ボールディングは、このように大量の資源を消費して大量生産をし、その生産物を大量消費して廃棄物をどんどん出すことを目的とする経済をカウボーイ経済と呼んだのである。そして、彼によればインプット、アウトプットという考え方ももともとこのカウボーイ経済に由来しているのである。

資源の枯渇と環境破壊が問題となっている今日、私たちはカウボーイ経済の考えを改めて宇宙人経済という新しい考えに立つべきであるとボールディングは言う。宇宙人経済とは、宇宙船の中で生活している人が感じるように経済を見ようということである。宇宙船の乗組員は地球を出発するときに積み込んできた有限の物資を倉庫から取り出しては少しずつ使い、必要な期間の生活を支えていく。

それと同時に生活に伴って出てくるゴミなどの廃棄物は宇宙空間に捨てずに地球まで持ち帰ることが義務づけられているとしよう。ゴミは廃棄物保存庫に保管されるがこの保存庫もそれほど広くはないので、乗組員は物資をできるだけ有効に使い、ゴミはできるだけ少ししか出さないように気をつけるだろう。こうした状況にあるものとして私たちの経済を考えることが宇宙人経済ということである。地球上あるいは地球周辺の資源で費用に見合った利用が可能なものは限られているであろう。また、廃棄物の捨て場所は都市のゴミ問題を想起するまでもなくどんどんなくなりつつある。まさに宇宙船地球号はこの調子でいくと早晩航行不可能になるというのがボールディングの訴えである。宇宙人経済の考えに立つとき、私たちはもはや最大のインプット、最大のアウトプットという考え方をしなくなることにお気づきだろうか。インプット、アウトプットという言い方は経済の外に資源の採掘場と廃棄物の捨て場があるときに初めて可能である。それらを私たちの経済の中で考えなくてはいけないとなったとき、同じ行為が、あくまでも経済の中での、有用な資源がもはや使えない廃棄物へと変換されるプロセスと見えてくるのである。こうしたことから、ボールディングはインプット、アウトプットという言い方をスループットと呼び換えることを提唱する。宇宙人経済では、最大のインプット、アウトプット、最大のアウトプットをめざすのではなく、スループットを最小にして人類が細く長く生き繋ぐことがめざされるのである。

†マクロ的な経済の見方

経済を見るときに、一つの会社や一つの家計を見るだけでなく一国の経済を全体として見ることが重要になってくる。なぜならば、景気の動向や国の経済の行く末は、そうやって経済をミクロ的なだけでなくマクロ的に、すなわち複眼的に見ることによってしか分かってこないからである。マクロ的な経済動向が分かることで、個々の会社や私たち一人一人は将来の行動計画を立てることができ、それらが集まって再びマクロ的な経済動向を作り出すのである。政府の作るマクロ経済統計や新聞の経済記事が重要な理由がここにある。

次頁の図はボールディングの考えた「水槽模型」を参考に描いたものである。日本全体の経済活動は一年中休むことなく続いているのだが、一会計年度あるいは一年を区切りとしてそのなかでどれだけの金額の経済活動が行なわれたかを考えることができる。金額を水の量にたとえて言えば、図の水槽に入り込む水の量および水槽から出ていく水の量でこれら経済活動の大きさを捉えることができるのである。このようにある一定期間の経済活動の大きさは流れる水の量のように考えればいいことから、フローと呼ばれる。生産の途中で原材料として使われてしまう部分は除いて一年間に日本で生産された金額の合計を「国内総生産」あるいは「国民総生産」と呼ぶ。だが、この一年間の生産活動で機械は擦り減るであろうし工場も少し老朽化するだろう。こうしてなにがしかの水が水槽から出ていく。これが「固定資本減耗」と呼ばれる金額である。「国民総生産」から「固定資本減耗」を引いた金

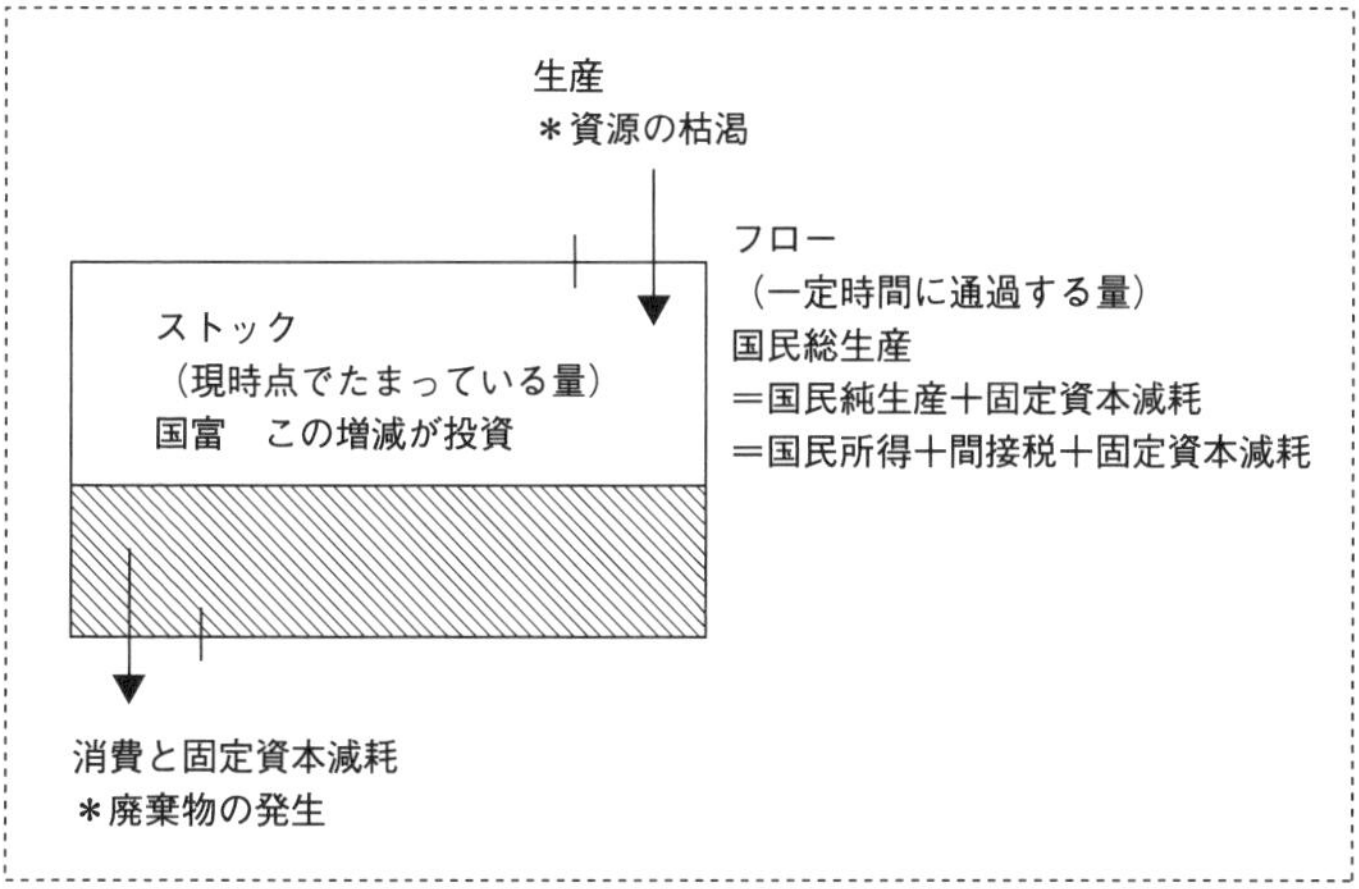

額は「国民純生産」と呼ばれる。「国民純生産」から消費税などの「間接税」を引くと私たち国民の所得の合計になるところから、その金額は「国民所得」と呼ばれるのである。「国民所得」から私たちは一年の生活に必要なものを購入し消費する。この消費に相当する金額は水槽から流れ出ていく。残った分は貯蓄されるが、貯蓄は銀行を経て会社に貸し出され、会社はそのお金で新しい機械を買ったり新しい工場を建てたりする。これが投資だが、投資した分は来年以降の生産に役立てられるものとして水槽内にとどまるのである。このようにして水槽の中には常に一定の量の水がとどまっているのだが、ある瞬間この目盛りを読んだ金額が「国富」と呼ばれるものである。これはある時点で国内に存在する工場や機械などの財産の総額であり、これはたまっている水の量としてイメージされることからストックという言い方をするのである。

　ボールディングの「水槽模型」を使うと、このように経済のマクロ的な考え方をよく理解することができる。だが、すでに見たように、ボールディング自身は今のようなマクロ経済学の考え方に安住することができなかった。水槽に水を入れるために生産をすることは資源の枯渇に繋がるではないか、消費や「固定資本減耗」によって水槽から水が出ていくときには同時に廃棄物が発生しているではないか。こうして、ボールディングは、図に描いた点線のように、資源問題や廃棄物問題まで含めて経済の問題として捉えなくてはならないという考え方に移行していったのである。

17 エントロピー

ジョージェスクーレーゲン『エントロピー法則と経済過程』1971年
Georgescu-Roegen, *The Entropy Law and the Economic Process.*

†ジョージェスクーレーゲンの思い

前章で見たボールディングが経済発展がもたらす環境破壊に警鐘を鳴らしていたのとちょうど同じ頃、もう一人の別な経済学者ジョージェスクーレーゲンもまた、経済発展が取り返しのつかない変化を自然にもたらすことを深刻に考え始めていた。ボールディングとジョージェスクーレーゲンという、同じ時期に同じような考えを抱いた二人の経済学者はまるで合わせ鏡のように対称的なイメージを与える。

ボールディングが卓越した比喩と軽妙な語り口によって、分かりやすく大衆受けする言葉で環境問題を語ったのとは対照的に、ジョージェスクーレーゲンはまるで哲学者あるいは予言者のような重々しい口調で経済活動が引き起こしてしまう不可逆な変化について私たちの注意を引こうとするのである。

そもそも、二人の経済学者は経済学の二つの分野であるミクロ経済学とマクロ経済学をそれぞれ専門として研究生活をスタートさせた。ジョージェスクーレーゲンの場合、一九〇六年、ルーマニアのコンスタンツに生まれ、一九二六年、ブカレスト大学で数学の学位を取得した後、パリ大学に学んだ。パリ大学で博士号を取得したジョージェスクーレーゲンは、母校のブカレスト大学で教えていたが、一九三二年に渡米し、以後アメリカが彼の活動の舞台となった。ボールディングもまた、イギリスで学んだ後にアメリカに渡ってそこで活躍を続けていることを思い出してほしい。二人とも経済学を体現したような国アメリカの地を異邦人として踏み、やがてそこで経済学者としての名声を確立したのちに批判的な立場に転向しているのである。研究者としての最初の仕事に教科書の執筆を選んだのもよく似ている。ここら辺りから、アメリカの経済学的思考の優等生たろうと努力しながら、やがて経済発展中心の考え方への最初から感じていた疑問を捨てきれなくなっていった二人の内面の軌跡を読み取ることはできないだろうか。ボールディングがスタートしたのはマクロ経済学の分野であり、ジョージェスクーレーゲンの場合はミクロ経済学であったのだが。

ジョージェスクーレーゲンは一九四四年、アメリカに帰化し、最初はハーバード大学で、後にバンダービルト大学で、ミクロ経済学の効用の理論や均衡の存在問題に取り組んだ。バンダービルト大学には一九七六年の定年まで勤務した。

だが、ジョージェスクーレーゲンは真面目なミクロ経済学者として最後まで人生を全うすることはできなかった。彼のなかに根本的な疑問が沸き上がってきたからである。人々の満足感である効用や企業の利益の最大化の条件を考えるのがミクロ経済学であるのだが、そうした最もよい状態にするために資源を配分するところまでしか経済学は考えない。今ある資源を最適に配分する、それをまた状況の変化に合わせて再び配分する。このようなくり返しだけが経済活動であれば、そのような経済活動は何度でもやり直しのきく、そしてあと戻りのいつでも可能な活動であろう。だが、私たちは明らかに時間の流れの中に生きている。時間は流れ去ってしまえば二度と再びは戻ってこない。このような時間の中で経済活動を営んでいる私たちは、経済の在り方や社会の将来を考えるときにそれを十分に自覚する必要があるのではないか。これこそがジョージェスクーレーゲンの疑問であった。

†エントロピーとは何か

ジョージェスクーレーゲンは、時間が一方にだけ流れて決して戻ってこないことを、物理学のうち熱力学という分野の考え方を使って説明する。それがエントロピーという考え方である。エントロピーは熱というものの動きを説明するために一九世紀の物理学者クラウジウスによって生み出された用語である。

今、密閉された箱の中に空気が入っているとしよう。この箱は外部との間で熱が出入りすることはない。ところで、今この箱の中の空気は温度が高い部分と温度が低い部分とに分かれているとしよう。箱の中の空気の一ヵ所に温度が高い部分が集まっているのである。この箱を放置しておくと時間とともに熱が温度の高い部分から温度の低い部分に移動し、徐々に箱の中の空気全体が同じような温度になっていくのが予想できると思う。この過程は時間とともに進行して、決して元には戻らない。こういった変化を不可逆変化というが、これこそが物理学の中で不可逆変化が確認された最初の例であったのである。クラウジウスは箱の中の温度の分布状況を数字で表すためにエントロピーという考えを持ち出す。詳しい説明は省くが、エントロピーは箱の中の温度分布に高い低いの差があればあるほど小さい値をとり、温度が一様に分布していればいるほど大きい値をとる。箱の中の空気全体が同じ温度になったときがエントロピーが最大の状態なのである。そして、クラウジウスは、エントロピーは時間と共に増加するのみで決して減ることがないとして、これを熱力学の第二法則と名付けたのであった。

エントロピーという考え方は後に情報を扱う際にも使われるように拡張されていくが、ジョージェスクーレーゲンはそれとはまた別の方向での拡張を考えた。クラウジウスによって作られたエントロピーは、いわばでたらめさを表わす数値である、と考えられることがお分かりだろう。箱の中に温度の高い低いがあるとき、その温度分布は一つの構造ないしは秩序を持っていると言える。しかし、熱の移動によってその秩序はだんだん壊れて最後にはどこの空気を測っても同じ温度という構造の失われた無秩序な状態になって安定するのである。こうしたでたらめさの増大は熱や温度だけでなく、時間の流れの中で行なわれる多くの現象につきものではないだろうか。

たとえば、エネルギーのことを考えてみよう。昔理科の時間にエネルギー保存の法則というものを学んだのをご記憶だろう。エネルギーはいろいろ姿を変えるが、その総量は決して減らないというものである。ダムに蓄えられた水は高いところにあるので位置エネルギーを持っている。この位置エネルギーは流水となってタービンを回転させるというかたちで、運動エネルギーに変化する。タービンが回転することで運動エネルギーは電気エネルギーへと変化する。電気は送電線によって各家庭に送られ、電熱器では熱エネルギーに、電灯では光エネルギーに変えられるのである。このようにエネルギーは姿を変えこそすれ失われることがないのであれば、永遠に動き続ける機関を考えることができるはずではないか。実際人間は太古よりそんな永久機関を夢見てきた。だが、永久機関は不可能なのである。先ほどの水力発電の例をもう一度考えてみよう。この例でも最初に存在した位置エネルギーがすべて電気エネルギーとして各家庭に届けられているわけではない。まず、タービンを回すために水が落ちるとき、また、タービンが回るとき、水路と水の摩擦やタービンの軸の摩擦によって熱が発生している。この熱エネルギーは大気中に拡散して失われてしまっているのである。さらに、送電線によって電気が各家庭に送られるときもやはり電線が熱を帯びるというかたちで熱が放散されているのがお分かりだろう。

このように、私たちが使うエネルギーはそれが手許に届くまでに熱エネルギーとして失われていく上に、使用した後も熱エネルギーとして拡散してしまうことが分かっている。実は熱エネルギーこそ最も安定したエネルギーの形であり、いろいろなエネルギーが熱エネルギーとなりそれが拡散していくようすもエントロピーの増大として捉えることができるのである。拡散してしまって周りとの温度差がなくなってしまった場合、熱は私たちにとって何の使い道もないことは明らかである。このようにエネルギーは時間と共に、そして、私たち自身がそれを利用することによってどんどん劣化していくのである。

エネルギーと同じような劣化や拡散は、物質にも見られることがお分かりだろうか。今、赤インクをコップの水に垂らしたとしよう。時間と共に赤インクは水の中に拡散し、やがてコップ全体が薄いピンクに染まるはずである。全体に拡散した赤インクがひとりでに元のように一ヵ所に集まってくることがないことは、赤インクが拡散するところを映したフィルムを逆回転させるととても不自然に見えることからも明らかだろう。赤インクと水を分離させようと思ったら、水を蒸発させるとか、精密なフィルターを通すとか、何らかの力を外部から作用させるしかない。自然の中に存在する鉄やゴムなどの資源を取り出して利用しても、それを使っているうちに錆びたりボロボロになったりすることをくい止めることはできない。また、近年盛んに叫ばれているリサイクルも重要であるが、全ての資源を回収することはできない上、莫大なコストがかかって採算割れしてしまったり、膨大なエネルギーを必要とするためにかえって新品の素材を利用したほうが地球に優しかったりということがよく見られるのである。このように、物質もまた私たちに利用可能な状態がだんだん失われ、拡散して利用できなくなってしまう一方なのである。

ジョージェスクーレーゲンは、熱力学のエントロピーという考え方をエネルギー全般や物質にまで拡張して使い、時間とともにエネルギーも資源も劣化して二度と再び元には戻らないことを訴えたのであった。そして、私たちの経済活動が盛んになり経済発展すればするほど、自然界のでたらめさの尺度であるエントロピーは不可逆的に増していくのである。

†バイオエコノミクスをめざして

宇宙の中の全てのエネルギーは熱へと変化し、それが全体へと拡散していくことから、ある物理学者は宇宙の最後の姿を「熱死」と表現した。そこは、熱エネルギー以外に運動エネルギーも光エネルギーもないのであるから、真っ暗で何も動かず何も聞こえない、暖かな死の世界である。だが、このようなゴールをめざして進んでいる宇宙の中で、エントロピー増大の法則に逆らい続けている存在がある。それが生命である。二〇世紀を代表する物理学者の一人であるシュレーディンガーは、生命とは、放っておけばエントロピーが増大して至ってしまう死に抗して、食物の摂取と老廃物の排泄を通してエントロピーを捨て、秩序を作り続けている存在であると表現した。二〇世紀フランスの哲学者ベルクソンも同じことを述べている。まさに、生物は不可逆な時間の流れのただ中でエントロピーに抗しつつ、危ういバランスを保って存在しているのである。

ジョージェスクーレーゲンは、人間の経済活動も本質はその生命活動のようなものであると考えた。そして、現代に至るまで経済学は一九世紀に確立された古典力学を模範として作られているため、不可逆な時間の流れを主題とすることができず、経済の本質を捉え損なってきたと考えるのである。力学の世界では、ある物体を地点Aから地点Bに移動させた後、何の変化も与えずにその物質を地点B

から地点Aに戻すことができる。だが、生物学の世界では話は全く異なる。一度成長した植物を元の大きさに戻すことはできないし、いかなる動物も老いには逆らうことができない。この生物学のようなものとして経済学を再構成するべきだとジョージェスクーレーゲンは言うのである。

だが、ジョージェスクーレーゲンの提唱するバイオエコノミクスの具体的な姿は必ずしも明らかではない。「経済生物学」の構想は一九世紀末にイギリスで活躍した経済学者マーシャルによっても打ち出され、マーシャルは「経済生物学」こそ経済学の真のメッカであるとまで述べた。だが、実際の経済を分析する道具としてバイオエコノミクスの具体的な理論が作られた事実はこれまでのところない。そして、それよりもなによりも、エントロピー増大の法則のただ中で私たちが今後の経済活動をどのように変化させていくべきかについてもジョージェスクーレーゲンは明確な答えを与えてくれてはいない。彼はただ事実を見よと語るのみなのである。その言葉に諦観を読むべきなのか希望を見つけるべきなのかは私たちの選択に委ねられているのだ。

†シャープレー値という考え方

地球環境を守るために経済成長を自粛しましょうとか、すでに行なわれてしまった環境破壊を回復しましょうとか、総論としてはどの国も反対はしないのだが、それにかかる負担をどこの国がどれだけ負うべきかという問題こそ最大の難問である。実際に費用を負担しなくとも、できたはずの経済成長をあきらめることはそれだけのチャンスが奪われたということで費用と同じことになるのである。

この問題もどこの国が何億ドル分の損害を地球環境に対して与えているか明瞭であるならば簡単である。だが、実際には同じ地球という舞台の上で経済活動を営んでいるのであり、汚染は国境を超えて広がっているであろう。また、ある程度までの汚染であれば地球の自浄能力によって回復できても、多くの国の汚染が相乗された複合汚染になると少数の国で経済活動をしているときの何倍ものダメージを地球に与えてしまうことになろう。このようにどの国にどれだけの責任があるかをはっきりさせにくいところにこの問題の困難さがある。

そのときの一つの方策として現代経済学が考えているのがシャープレー値というものである。今、地球上にアメリカ、日本、中国の三ヵ国があって経済活動を営んでいるとしよう。現在の地球環境破壊を回復するには二四億ドルの費用が必要であるとする。だが、もしそれぞれの国一国だけが地球上で経済活動をしているときには、汚染の回復に必要な費用はアメリカ、日本、中国の順にそれぞれ六億ドル、四億ドル、二億ドルですむという試算が出ている。これでは足しても一二億ドルであり、二四億ドルの費用はまかないきれない。同じく、地球上で経済活動をする国がアメリカと日本、アメリカと中国、日本と中国の二国ずつであった場合、汚染の回復に必要な費用はそれぞれ二〇億ドル、一五億ドル、一〇億ドルであることも分かっている。さあ、このとき、三ヵ国はいくらずつ負担すべきなのか。

シャープレー値では、ある国が加わったことによって新たに発生する費用をその国が負担すべきであると考える。極めて合理的と思える提案であろう。だが、実際には三ヵ国は現在同時に経済活動を

順序	米	日	中
米日中	6	14	4
米中日	6	9	9
日米中	16	4	4
日中米	14	4	6
中米日	13	9	2
中日米	14	8	2

しているのである。どこが最初でどこが最後ということはない。しかも困ったことにどこが最初でどこが最後かによって費用負担額は全く異なってしまうのである。表を見てもらいたい。もし、アメリカ、日本、中国の順とすると、アメリカは最初一国だから六億ドルの負担、そこに日本が加わって二〇億ドル引く六億ドルで一四億ドルの負担、中国は残りで二四億ドル引く二〇億ドルで四億ドルの負担になる。だが、アメリカ、中国、日本の順番では、表のように、日本の負担額は九億ドルでさっきとはずいぶん違うことになる。

そこで、シャープレー値では、順番について全てのパターンを考え、これを平均して各国の負担額とするのである。表を縦に加えてパターンの数六で割ると、各国の負担額はアメリカ、日本、中国の順に一一・五億ドル、八億ドル、四・五億ドルとなる。何となく妥当な数字ではないだろうか。

もちろん、シャープレー値の考え方は、費用負担の逆に利益の配分でも使うことができる。それと、ぜひこの考え方を以前に学んだコアと仁の考え方と比べてみてほしい。比べやすいように数字は同じくしてある。合理的な配分・分担といっても、考え方一つで微妙に変わってしまうことがお分かりいただけるだろう。

18 福祉国家を超えて

Myrdal, *Beyond the Welfare State.*
ミュルダール『福祉国家を超えて』1960年

†ノーベル経済学賞の国で

ノーベル賞は学者がもらう賞のなかで最も権威があるものとして有名だが、ノーベル経済学賞の歴史は一回目が一九六九年だからそれほど古いものではない。そのノーベル経済学賞を一九七四年、ハイエクという経済学者と共に受賞したのがミュルダールであった。そして、彼は、まさにそのノーベル賞の母国であるスウェーデンの経済学者なのである。さらに、彼の夫人であるアルバ・ミュルダールも、スウェーデンの軍縮大臣や国連大使を務めた人でノーベル平和賞を受賞している。夫婦そろってノーベル賞受賞者というのだからすごい。

ところで、スウェーデンのイメージはどのようなものであろうか。北欧にある白夜の国、性に大らかな国、福祉の充実した国、そのようなものだろうか。最後の福祉の問題こそ、ミュルダールが大きな貢献をした分野なのだが、それにしてもスウェーデンが経済学の歴史にとって重要な国であることを知る人は少ないと思う。しかし、スウェーデンには実は一九世紀以来、経済学の長い伝統がある。一九世紀のヴィクセルという経済学者は大学で数学を修めたが社会運動に熱を入れ、社会問題をより深く解明するために経済学を研究するようになった。そして、現代の体系的な経済学の原形とでも呼ぶべきものを作り上げたのである。だが、彼は離婚の自由などを訴えるその社会運動に参加したかどで何回か投獄もされている。この風変わりな経済学者に始まるストックホルム学派の伝統はいくつかの華やかなエピソードを残してきた。たとえば、為替レートの決まり方についての理論としてすでに述べた購買力平価説は、ストックホルム学派のカッセルが提唱したものである。

このストックホルム学派の伝統の最後を飾る輝きこそ、ミュルダールだと言ってよいだろう。一八九八年に生まれたミュルダールはストックホルム大学を卒業した後、母校の教授に就任した。一九三一年のことである。学者としての彼はストックホルム学派の伝統に従って、金利と景気変動の関係を理論的に研究したが、ミュルダールがノーベル賞を受賞した直接の理由はこの頃の研究である。だが、ミュルダールは決して象牙の塔に閉じこもっているだけの経済学者ではなかった。彼の関心は常に現実の経済、社会に向かっていたのである。ミュルダールはスウェーデンで長く政権を担当してきた社会民主労働党の顧問として、世界的な不況の中で苦しんでいたスウェーデンを救うために公債の発行による公共事業の増大を提唱した。これは、のちにケインズの名と共に有名になる財政政策と同じものであったので、ミュルダールは「スウェーデンのケインズ」と呼ばれたこともあった。だが、これはおかしな呼び方で、彼が自らの主張を示したのは一九三三年の財政法案の付属文書としてであったのだから、ケインズが、一九三六年に財政政策の必要性を理論的に訴えるより前のことであった。さらに言えば、ケインズの説明よりミュルダールの説明の方がどちらかといえばきちんとしている。景気回復の効果にだけ焦点を当てたケインズに対して、ミュルダールは財政の均衡維持にも強い注意を払った。ミュルダールは不況のときの国債発行によって生じた財政赤字は、好況になってからの財政黒字で国債を償還することで埋め合わせられなくてはならないとしたのである。つまり、一時的に国は財政赤字になるものの、景気循環の一サイクルを通して見ると国家財政は均衡しているわけである。実際、当時のウイグフォルシュ蔵相はミュルダールの提言に沿った財政運営を行ない、景気回復と国家財政の均衡とをみごとに両立させたのである。

†価値観を明らかに

学問は進歩してくるにつれてより精緻になる一方で、冷たくよそよそしくなるものである。社会科学の中でも、分析に数学を駆使し、物理学を模範としてきた経済学はとりわけその傾向が強いと言えよう。実際、経済学では、経済学者の分析に知らず知らずのうちに、これがいいとかあれが悪いとかいう価値観が入り込むことを極度に警戒する。そして、論文にまとめられるような経済学の分析からは価値観を排除しなくてはならないと考えるのである。

たとえば、私たちは何気なく、社会の中に極端にお金持ちの人と極端に貧乏な人がいず、みんなほどほどに平等なほうが望ましいと考えている。しかし、純粋に経済学的に考えるとこの主張には必ずしも根拠がないことに気づかざるを得ない。私たちは、極端な不平等がある状態に比べてほどほどに平等なほうが社会の幸福は大きくなると漠然と考えているから、上のような考えを持つわけである。経済学は、人々の幸せを精神的な満足度で測れると考えるから、不平等な状態よりも平等な状態の方が、それら精神的な満足度をみんなで足し合わせたものが大きいと考えていることになる。だが、そもそも個人個人の精神的な満足度を同じ基準で測れるような物差しがあるのだろうか。それらを足し合わせるためにはみんなに共通の測定単位がなくてはならないが、そのようなものはどうもありそうにない。一杯のカレーライスを食べたとき、あなたの満足度と私の満足度はどちらがどれだけ大きいのか、おそらく誰にも分からないだろう。もちろん、自分の中では、一杯のカレーライスを食べたときと一杯のうどんを食べたときとではどちらが満足度が大きいかが言えるわけで、先ほどの場合とは決定的に違うのである。このように、他人とのあいだでは満足度を測定したり比較したりできないという現実を考えるとき、社会が平等なほうが望ましいのか、それとも、そうではないのかについて、経済学者は発言すべきではないということになってしまうのである。

しかし、ここで少し立ち止まって考えてみよう。確かに知らず知らずのうちによい悪いの価値観を分析に忍び込ませることは問題であろう。客観的な分析ができなくなってしまうからである。だが、そのことは、経済学者に自分の価値観に基づいた発言を禁じることに繋がるだろうか。経済学者は単なる技術者ではなかろう。政策を提言し、社会の進むべき方向を示すとき、経済のことを深く考えることが仕事である経済学者が、自分の価値判断を世の人々に投げかけ、人々の判断を促すことには意義があるのではないか。

ミュルダールは、世の経済学者が象牙の塔に閉じこもって価値判断に口をつぐむようになったとき、あえて価値判断に基づいた発言を行なった。重要なのは自分の発言がどのような価値判断に基づいているのかを明確に示すとともに、自分自身自覚を持ってそうすることである。そうしてこそ、互いに異なった価値判断をする者どうしのあいだで生産的な議論ができるのである。

このような立場に立つミュルダールが、社会の望むべき方向として示したのが福祉国家であった。

†福祉国家から「創造された調和」へ

社会福祉の先進国であるスウェーデンは一九六〇年代までに社会保障制度を充実させ、先進国の福祉国家ブームの先駆けとなった。福祉国家は、その国家理念として実質的平等を掲げ、社会福祉の充実を政策の大きな柱とする国のことである。一九六〇年に出版された『福祉国家を超えて』の中でミュルダールは、平等の価値観を高く掲げて福祉国家を推進する姿勢を示したのである。ミュルダールは社会民主労働党の商務大臣として実際に福祉国家化を推進もした。

福祉国家は所得の再配分、つまり、人々の所得の一部を国が税金や社会保障費としていったん集め、それをみんなに平等に分けるという作業をする。だが、国民がより平等な生活を求め、この再配分の金額が大きくなればなるほど、公務員としてこの作業に携わる人々の数は増えていかざるを得ない。日本でも問題となっている官僚の数の増大である。また、官僚はこれらのお金を動かすことから徐々に大きな権限を持つようにもなるのである。また、高齢化も福祉国家にとっては大きな問題である。先進国では平均寿命が伸びる一方で出生率は低下するから、全人口に占める高齢者の割合が増えていく。だが、高齢者は働いて所得を得ている人々に依存して生活していかざるを得ない。もし、自分が若い頃の老人世代と若い世代の比率と、自分が年をとってからの老人世代と若い世代の比率が同じであれば、若い頃に国に納めただけのものを年をとってから得ることができるから不満は生じない。しかし、自分が若い頃の老人世代に対する若い世代の比率よりも自分が年をとってからの老人世代に対する若い世代の比率が小さいと、若い頃に国に納めただけのものを年をとってから得ることができないことになる。このことは比率が安定するまでは致し方ないことなのだが、国にお金を納めたくない若い世代と、自分が納めただけのものは欲しいと思う老人世代との両方から、福祉国家に対する不満が高まることになる。

官僚主義の蔓延と世代間の対立はミュルダールもすでに一九六〇年の著書で予想していたことであった。しかし、彼はその後を楽観的に考えていた。ある時点まではスウェーデンを始めとして先進国がそうであったように、福祉国家を志向する国では大きな政府となるし、老人福祉をまかなうために国家財政も悪化していくことは事実として認めざるを得ない。だが、まずは国家が主導して福祉国家への歩みを進めることで、国民のあいだに互いに助け合い平等な社会を創造していこうという考えや関心が生まれるというのである。こうなってくると、国家がその権限によって所得再分配政策を進めなくても、人々が自発的、民主的に弱者に配慮のある平等な社会を維持していくようになり、やがて国家自体が要らなくなっていくというのである。ミュルダールのイメージには必ずしもはっきりしないところもあるが、いわばさまざまな分野で活動をする民間ボランティア団体が各地に自生的にでき、それらが地域の福祉を担っていくという未来像であろう。ミュルダールは福祉国家に代わるものとしての、このような人々の自発的な繋がりを「創造された調和」と呼んだ。

こうしたイメージはそれ自体素晴しいものであるが、果たしてその方向に進みつつあるのだろうか。ミュルダールの母国スウェーデンでも、莫大な国家財政の赤字によって今、福祉国家路線の見直しと成長重視の政策への転換が志向されている。まず先立つものというわけである。もちろん、日本でも阪神・淡路大震災以降見られるように民間ボランティア団体の種々の活動も盛んである。だが、その活動は政府の肩代りをするところまでは至っていない。これは、私たち人間が他人を助けること以上に自分の利害を考える気持ちから抜けきれないからである。福祉が充実してくると、私たちは偽ってでも多くの恩恵を受け、他方であまり負担は負いたくないと思ってしまう。これが、一国の経済が莫大な福祉の費用をまかなえなくなってしまう根本的な原因である。私たちは果たしてこの気持ちを乗り越えることができるのだろうか。

ミュルダールは国内の人々の平等だけでなく、国際的にも人々の平等を考えるべきであるという。インドに長期間滞在した経験を持つミュルダールは、世界の中に豊かな国と貧しい国がある現状は是認できないと考え、国際的な平等を強力に推進していくことを訴える。これもスタートは、先進国が国際機関を通じて発展途上国を指導し援助することであるが、それが発展途上国の中にやる気のなさや援助に依存する気持ち、政府の腐敗などを生まないように注意しなくてはならないとした。結果はミュルダールの恐れていた通りであったことが一九七〇年代には明らかになったが、彼はここでも、最終的には発展途上国の人々の気持ちが高まって自発的な努力が始まることを信じていたのである。

†公共財とフリーライダー問題

「創造された調和」が生まれることでやがて国家すら必要なくなるであろうという理想を抱いていたミュルダールに対し、経済学では人々の利己的な行動では十分に供給されない財があることが国家の存在理由の重要な一つであると考えてきた。そうした財を公共財という。具体例をあげて考えてみよう。

今、経済にAB二人の人物がいて、二種類の財を購入しようとしているとしよう。それらの財とは次頁の表にあるように自動車と公園である。自動車は自分で購入すると自分だけが使用するものであり、こうした財は私的財と呼ばれる。一方、公園は建設された後はみんなで自由に使用でき、多少たくさんの人が同時に使用しても困ることはない。こうした性質を持つ財を公共財と呼ぶのである。実際には、純粋に公共財の性質を持つものは少ないと言われており、警察や司法の提供する社会秩序、

自動車（私的財）生産費用は100万円			
	1台	2台	3台
効用	150	100	50

公園（公共財）建設費用は100万円			
	1ヵ所	2ヵ所	3ヵ所
効用	150	100	50

健全な金融制度の提供する経済の安定、美しい日本の景観、など漠然としたものがあげられるに過ぎない。公園も何百人もの人が同時に使ったら混雑してしまうし、私的財として入園者からお金を徴収することもできるからである。ただし、ここでは、公園を公共財の代表として考えることにする。

まず、自動車は生産費用、したがって、価格は一〇〇万円である。一方、自動車の使用から得る満足感はＡＢ両人とも、使用する台数が一台、二台、三台と増えていくにつれて、一五〇万円分、一〇〇万円分、五〇万円分と下がっていく。このとき二人の購入する車の台数はそれぞれ二台であることがお分かりだろうか。三台購入すると自分にとって五〇万円分の価値しかないものを一〇〇万円で購入したことになり、損をしてしまうからである。私的財の場合は、二人にとって共通な価格を目印に二人が自分の満足感を最大にするように購入台数を決めることになる。

公共財ではこれと対照的なことが起きる。公園の建設費用が一〇〇万円で、二人が公園を使用することから得る満足感が、近所の公園が一ヵ所、二ヵ所、三ヵ所と増えるにつれて一五〇万円分、一〇〇万円分、五〇万円分と下がっていくとしよう。公園の場合、購入した人が独り占めするわけではないから、建設費用もＡＢ二人で五〇万円ずつ折半すればよい。そこで、本来公園は三ヵ所建設されることが一番望ましい。そのとき、ＡＢ二人の満足感の合計は最大になるからである。公共財の場合は、二人の満足感を最大にするようにまず共通に決まるのは数量であり、その後、入手に必要な費用分担が各自の満足感によってそれぞれに決まる。

だが、このとき、Bが悪い考えを持ち、自分が公園から得る満足感は常にゼロであると偽りの申告をしたらどうなるだろうか。建設費用一〇〇万円はA一人が負担しなくてはならないから、公園は二カ所しか建設されなくなってしまう。Bは建設された二カ所の公園をちゃっかり使うわけだが、このようなただ乗りする人物が出てきてしまうことをフリーライダー問題と呼ぶ。このように、公共財の場合、過小申告によって必要な量が確保されないおそれが常にあり、それが政府が税金で公共財の費用をまかなうことの根拠となっているのである。

だが、政府が政策的な判断で公共財の供給量を決めてしまうと、望ましい量より多すぎたり少なすぎたりということが起こってしまうかもしれない。そこで、なんとかみんなに本当のことを言わせることはできないかということになる。人に本心を言わせるアイディアだから、どこかで役に立つかもしれない。クラーク機構と呼ばれるこのアイディアは、次のようなものである。今政府が公園一カ所につき各人五〇万円ずつを徴収して公園を二カ所建設したとする。これは、正直に効用を表明したAと効用がゼロと嘘をついたBの申告から政府が公園は二カ所がいいと判断するためであり、ともかくその費用を皆で平等に負担しようとしているわけである。これはAにとってはとても助かる話だ。一方、Bは満足感はゼロであると言っているので、公園から大きな満足感を得るAがいることでBが見返りなしに支払わされたことになる一〇〇万円を政府はAからペナルティーとして徴収する。この結果、AB両人の実際の満足感のネットの金額は、Aは 250−100−100＝50、Bは 250−100＝150 となる。だが、Bは嘘をつかなくても、250−100＝150 の満足感を得られたはずだから、クラーク機構の下でBは嘘をつくインセンティブを失う。逆に、Aの方としても、自分まで嘘をついたら公園は全く建設されず、元の木阿弥だからそのまま正直に申告したほうがいい。

クラーク機構は、嘘が自分の利害と関係がないどころか、それが損失に繋がるとしたら人は嘘をつかないはずだというあたりまえの心理に基づいているから、類似のメカニズムはあちこちに見られる。たとえば、オークションの方式でヴィクレー・オークションというものがあるが、これは一番高い値を言った人が二番目の人が言った値段でお宝を購入するやり方である。オークションでは、人々は相手に負けない範囲で、できるだけ安く値をつけようと思っているが、この方式では自分の言った値と支払う値が関係しないから、競り勝つことを考えると嘘をついて安く言わず正直に言った方がいいということになる。また、もっとおなじみなのは、ヨウカンを二人で平等に分けるやり方である。どちらかに切らせるとその人は自分の取り分を大きめに切るはずだから、包丁を持たなかった人に先に取らせる。こうすれば、不平等に切れば自分が損をするから、包丁を持った人は真剣に真ん中で切ろうとするのである。

19 主観の檻

Habermas, *Strukturwandel der Oeffentlichkeit.*
ハーバーマス『公共性の構造転換』1962年

†他者をどのように知るか

幼いころに誰しも空想したことがあるであろう。もしかしたら、この世の中には自分しかいなくて、親も友人も近所の人々も自分の想像上の人格なのではないだろうか。何か悪魔のようなものが孤独な自分をだまして、夢を見させているのではないだろうかと。こうした夢想を私たちはいつどのようにして克服したのだろうか。言いかえれば、いつどのようにして、紛れもない他者の存在をありありと知るようになるのだろうか。

近年経済的・精神的に追い詰められた状況のなかで、通り魔的殺人に走る若者がいる。若者だけではなく、ちょっとしたボタンの掛け違いから家族のなかに自分の居場所を失い、すべてを清算しようと家族を皆殺しにしてから自殺した事件もあったように記憶している。彼らは他者を自分の幻想と思い違ってしまったのだろうか。

ユルゲン・ハーバーマスは、現代社会を蝕む病理が、他者をありありと認識できず、自分の心や主観のなかに引きこもってしまう心性から生まれてきていることを繰り返し語った社会学者、思想家である。

ハーバーマスは一九二九年、ドイツのデュッセルドルフに生まれた。この時代のドイツは第一次世界大戦の敗戦の痛手からまだ立ち直っていないところに持ってきて、折からの世界不況に巻き込まれて経済的にたいへんな状況にあった。経済的な困難は社会の混乱と荒廃をもたらした。そうしたなか、ヒトラーが党首を務めるナチス党が人々の支持を集めて政権を握った。こうして、ハーバーマスの少年期はナチス政権下にあり、彼自身もヒトラー・ユーゲントというナチス党によって組織された少年団に参加していた。

ユルゲン少年を取り巻く状況は一九四五年の敗戦によるナチス・ドイツの崩壊で劇的に転換した。ハーバーマスもギムナジウムでの通常の学習に戻り、アメリカ占領下の民主主義教育に大きな影響を受けることになる。長じてハーバーマスは先に二つの大学に学んだ後、ドイツ観念論の哲学者シェリングについての論文で、ボン大学から一九五四年に博士号を受けた。このようにまずは哲学を学んでいたハーバーマスだが、戦後ソ連邦の社会主義とは一線を画すかたちで発展していた西欧マルクス主義にも強い影響を受けるようになっていく。

大学院生時代から左翼的な論文を雑誌などに寄稿していたハーバーマスは、所長を務める思想家アドルノの助手として一九五六年にフランクフルト大学の社会研究所に合流した。だが、アドルノと並んでこの研究所の第一世代の中心人物であったホルクハイマーは、ハーバーマスの論文の内容に、暴力革命をほのめかすところがあって過激すぎるとして、彼を研究所から排除しようとした。この確執は尾を引くことになる。

さて、この社会研究所に集まった学者たちは、西欧マルクス主義とともに精神分析を創始したフロイトの影響を受けて思想を展開し、フランクフルト学派の名前で呼ばれることになる。マルクスや西欧型の社会主義の伝統については、すでに本書でも詳しく述べたので、ここではジグムント・フロイトについて少し触れておこう。

フロイトは世紀末ウィーンを拠点に精神分析学を創始した精神医学者である。最初は自然科学や医学を学んでいたが、精神病患者の症状が幼いころに受けた心的外傷に由来していることに気づいて、普段は自覚されない無意識の領域が人間を支配していると考えるようになった。フロイトによると人間の心の構造は、自我とエス、そして両者を架橋する超自我からなる。自我は通常自分と意識される部分で、自分を守ろうとする精神的な防衛を主な役目としている。これに対して、エスは無意識の奥底の暗い部分であり、本能の塊のようなものとして、ドイツ語で「それ」と呼ばれている。ここからは性や死に向かう生物的な衝動であるリビドーが常に送られてきている。超自我は親、特に父親から植え付けられた社会規範が元になっているもので、このリビドーを抑圧したり、かたちを変えて自我に伝えたりしている。この構造のバランスが崩れたり、不完全であったりすると人は精神病になったり、病的な行動に走ったりするのである。フランクフルト学派は、社会病理についてもこうしたフロイト的な分析が有効であると考えているのである。

さて、ハーバーマスとホルクハイマーの確執について、これは推測にすぎないが、ユダヤ系学者の多い研究サークルであった研究所のなかで、ハーバーマスが数少ないドイツ人であったことも、もしかすると関係しているかもしれない。いずれにしても、ハーバーマスは一九六一年にハイデルベルク大学で教授となって研究所を去った。その後一九六四年、ホルクハイマーが退職したフランクフルト大学に後任として戻ったのであった。

ハーバーマスの思想は、ヨーロッパの市民社会やそこでの民主主義の精神に深く根ざしたものであり、日本でもかつての学生運動や市民運動に深く影響を与えた。総じてフランクフルト学派の思想家たちの著作は、日本のインテリ左翼のお気に入りの読み物だったと言っていいだろう。

フランクフルト学派のなかでも最も有名であり、現代思想の最後の巨人と言われるハーバーマスは大の論争好きでもあり、現代を代表する思想家たちと多くの論争を繰り広げている。それはあたかも、この後述べる彼の思想のなかで重要視されているディスカッションを実践しているかのようでもある。

†間主観性ということ

フランクフルト学派の第一世代は、西洋の精神を支えた自分自身の理性的な考えへの信頼が、現代においてはよそ者を攻撃して自分を守る道具に堕落してしまっており、そこに現代社会の問題の根源があると考える。そして、これが戦争における大量虐殺やアウシュビッツ収容所のような暴力行為を招いてしまったとするのである。人は理性的に考え、何が自分に得であるかを捉えようとする。たとえば、ある国の指導者が、我が国は国土が狭く資源もないので、他の国のものを分けてもらおうと思ったとしよう。しかし、他国が協力を拒んでくると、せっかく自分の方から申し出たのに断ったのは、相手に敵対する考えがあるのだと推論する。そして、敵であれば、自分にとって大きな脅威になる前に打ち破ってしまおうと当然考えるだろう。こうして、侵略戦争が始まる。

右のような推論はある意味理性的である。理詰めで考えて最も合理的に国家戦略を導きだしているからだ。つまり、理性が野蛮を生み出したのだ。このように理性的な推論が非人間的な判断に繋がってしまうことは珍しくないのではないだろうか。人間の中心を理性と考えると、人間性の本質を見誤ってしまうことになりそうだ。

アドルノやホルクハイマーは、目的のためには手段を選ばない、自己保存のための理性を批判する。理性は市民革命の時代には、貴族など特権層に抵抗し市民的自由を守るための武器であったのに、現代になってから変質してしまったのである。ハーバーマスも若いころ心酔したマルクス型の社会主義革命の思想も、こうした理性の変身が原因でソ連邦のような独裁的な支配体制に繋がり、結局失敗に終わったわけである。

だが、アドルノやホルクハイマーたちフランクフルト学派第一世代のこうした考えが、政治的な行動への不信とニヒルな傍観者になることに繋がってしまうと考えたハーバーマスは、新しいかたちでの理性への信頼を取り戻そうとする。

もちろん、自分は自分、他人は他人という考え方を推し進めると人間の精神は自分の殻のなかに引きこもってしまうことになるということは、フランクフルト学派第一世代にも分かっていた。アドルノは芸術活動を通じて自分の外にある自然と関わることでこの引きこもりを克服しようとした。芸術を中心とした静かな生活である。

これに対してハーバーマスが選んだのは、自分と対等な考えを持っている他人と積極的に関わることで、自分、自分とばかり言っている殻そのものを壊してしまうということであった。ハーバーマスはこうした行為を相互主観的コミュニケーションと呼んで最大限重視した。

相互主観的コミュニケーションとは、ごくごく簡単に言えば、対等な人間同士がまじめに意見を交わして、それぞれの考えを尊重しながら了解することで「合意としての真理」を成立させることである。その真理は自分の頭のなかだけでなく、いわば自分と他人の間にある。だから、相互主観的とか間主観的とか言われる。真理も純粋な理性によって探り当てられるのではなく、皆の話し合いのなかでしか発見されないと言うのだ。

そもそも、フランクフルト学派が批判した、道具としての理性が目指すのは、目的を素早く達成して社会に成果と豊かさをもたらすことである。確かにこうした理性に突き動かされた近代経済の営みの結果、人類は物質的に飛躍的に豊かになったと言える。だが、本当に豊かさの分だけ人類は幸せになったのだろうか。まだ、世界のいたるところに政治的な隷属や権力的な支配があり、要するに虐げられた人々が多く存在している。また、先進国では、市民の政治離れや政治的無関心が当たり前のものになって久しい。これは豊かさの陰で社会が荒廃していることの何よりの証拠であろう。

†公共圏を求めて

荒廃した社会の現状を打破するためにこそ、対等な市民同士の対話が保証される社会的な環境を作り上げ、守っていくことが必要であるとハーバーマスは言う。彼はこのような環境や組織を公共圏と名付けた。公共圏が成り立つためには、対話に三つの条件が成り立っていなければならない。すなわち、嘘を言わないという真実性、言動が人々の受け入れるかたちを満たしているという規範妥当性、そして、発言の誠実性である。自分を守るためとか、恥ずかしいからと言ってとりあえず嘘でごまかしていては本当の対話は成り立たないだろう。また、対話や議論のためには、使っている言語はもちろんだが、用語なども皆に理解されるものでなければならない。さらに、横柄な態度や不貞腐れた様子では対話になるまい。そして、自分の利益にこの話し合いを繋げようとか、皆を扇動して目的を遂げようなどというのは誠実さを欠いている。それはあくまでも真理を見出すための対話でなければならないのである。

こうした公共圏は、もちろん上意下達の官僚システムでは成り立たず、本当の意味で民主的な関係でしか成立しない。たとえば、家族や地域などの共同体、また、利益を目的としないNPOなどの組織、さらに政治の場である議会も本来このような対話の場所であるのが理想だろう。党利党略に明け暮れる国会などは三つの条件のうち誠実性を明らかに欠いている。実を言えば、心あるマスコミにも、こうした公共圏を国民的規模に広げて正しい民意を見出していく役割を期待したいところである。実際には、マスコミも金儲けのコマーシャリズムに冒されている部分が大きいので、理想とはかけ離れているように思われるのだが。

最後のマスコミの例のように、公共圏は経済合理性から常に攻撃と浸食を受けているので、きちんと守っていかないと社会から消えてしまいがちである。だが、それがなくなってしまうと、あちこちで無気力や犯罪、人間関係の破壊などの社会病理が発生する。だから、このような公共圏をどのように市民の力で再生し、守っていくのかが現代の緊急の課題だと、ハーバーマスは思っているはずである。

†中位投票者定理

ハーバーマスのように話し合いをして皆の意見がまとまるということでもよい。また、ある程度議論してから多数決をとるということでもよい。さらには、最初から投票をするということでもよい。これら民主的な方法によって意見を集約させていくと、そこにはある傾向が必ず現れることが経済学の理論研究によって明らかにされている。

今Aさんから Eさんまで五人の人がいるとしよう。この人たちがいちばんいいと思う政策が図の左

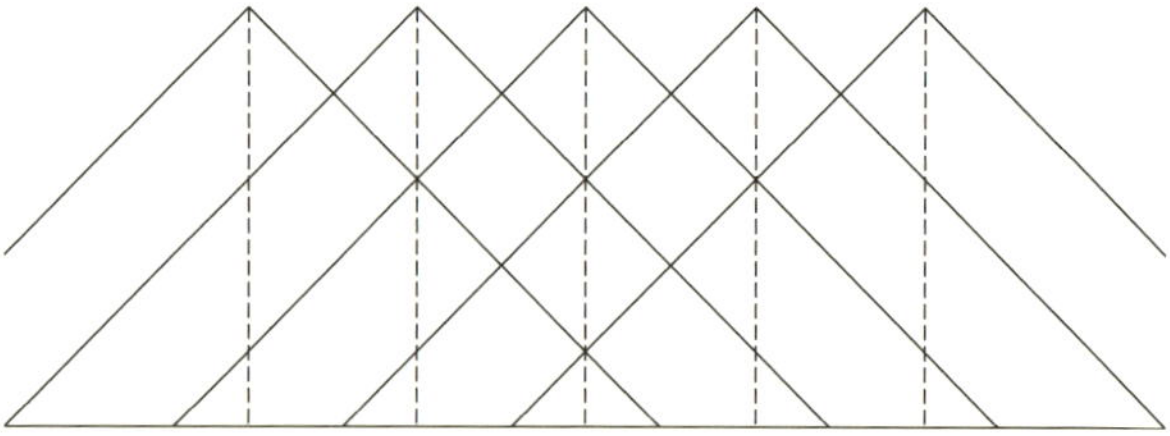

から順番に並んでいて、他人の政策への好みは自分のから遠くなるほど徐々に低下する。図のピラミッド型の山のようなものが、それぞれの政策についての各人の好みの大きさである。たとえば、Aさんにとって政策Aの好みがいちばん大きく、それに近いB、そしてCの順番で続き、D、Eは全く支持の対象外である。他に人についても同様にみることができる。

このなかではCさんが真ん中の政策をいちばんよいと考える人で、この人を中位投票者、その政策を中位政策という。今の例では五人と奇数であるが、人々が偶数の場合、中位政策は二つある。このような状況の下で、民主的な手続きで政策決定を進めると必ず中位政策が選ばれることが分かるだろう。

たとえば、政策Aと政策Cで投票をすれば、政策Aを選ぶのはAさんだけで、Cさん、Dさん、Eさんはいずれも政策Cを選ぶ。Bさんは二つの政策への好みが同等である。政策Eとの投票でも同様の結果になる。政策Bと政策Cの投票の場合、政策BにもAさん、Bさんという二人の支持が集まるが、この場合もやはり政策Cが、Cさん、Dさん、Eさんという三人の指示で選ばれる。

このような連続した政策の並びは、消費税を何%にするかのような実際の数字で表される場合だけでなく、保守的な政策から革新的な政策へということを考えれば、あらゆる政策について当てはめることができる。二大政党制の下では、国民の支持を多くしようとすると、各政党とも中位政策に近い政策をマニフェストに盛り込むのが最善の策になる。だから、現代では左派政党も右派政党も同じようなことを選挙で訴えることになり、政策の中道化が進んでいくと言われるのである。

20
ハイパーマーケット

Baudrillard, *La société de consommation : ses mythes, ses structures.*
ボードリヤール『消費社会の神話と構造』1970年

†同時代を思索する人

私は現在は経済学者として大学で教えているのだが、もともとは経済学部ではなく文学部の哲学科を志望して大学に入学した。屁理屈の多いちょっとした哲学青年だったわけである。そしてその頃よく読んだ思想家の一人にボードリヤールがいた。今でもボードリヤールを読むと、手垢にまみれた思想雑誌のページの記憶と共にもうちょっと若かった頃のほろ苦い思い出がよみがえってくる。

当時は、社会や精神の隠れた構造を探ろうとする構造主義から、その構造の根拠のなさを指摘したり構造の破壊を訴えたりするポスト構造主義へと哲学の流れが大きく転回していたように思う。そして、その転回をリードしていたのがフランスの思想界であった。そうした状況下の八〇年代の前半、七〇年代から引きずる自らの問題意識を大事にし、同時代の社会状況と正面から取り組んでいた思想家として、ボードリヤールは私の記憶に残っている。ボードリヤールは、ポスト構造主義の思想家たちが、そのカリスマ性ゆえに、観念の構築物である形而上学を避けようという主張とは裏腹に、哲学の体系を作っていったのとは違った歩みをしたように思う。ボードリヤールは、同時代の消費文化、広告、芸術、流行を思索の対象にし、そのうつろいとともに自らの考えを移動させるという戦略をとったのである。これはまさに言行一致と言うべきであろう。なぜなら、ボードリヤールは、実体のあるものを生産するというのは現代においては幻想であり、実際にはすでにあったものの模倣とコピーの流通があるだけだと述べているからだ。だとすれば、思想もまた現代においては体系を生産する作業ではありえず、すでにあって受け入れられやすいものを再生産することに他ならないはずなのである。

ボードリヤールは一九二九年、フランスに生まれた。六〇年代末、市民運動と学生運動の高まりのあった時期にはパリ大学ナンテール分校で社会学を教える助教授であった。ちょうどその頃一九六八年にボードリヤールは思想家としての最初の著作である『物の体系』を発表し、それ以降、旺盛な著作活動を行うようになる。続いて一九七〇年には『消費社会の神話と構造』を発表して独自の思想家としての地位を固めた。近年も、イラクのクウェート侵攻に始まる湾岸戦争が終わった直後に、「湾岸戦争は起きなかった！」と表現し、その戦争の現代的な特性を示す論文を発表していた。また、若い頃にはブレヒトの詩やペーター・ヴァイスの戯曲のフランス語訳をするなど、ドイツ文学の研究もしていたようである。

思想家ボードリヤールは、消費、生産、流通といった経済と関わりの深い考え方を分析しながら、現代社会の特色を斬っていく。その不可思議な世界へ足を踏み入れてみよう。

✝記号の体系

私たちは毎日大量の物を消費して生活をしている。それらの物はスーパーマーケットのきれいに並べられた棚から選び出され買われてくる。それでは、私たちが石鹸を消費するとき、その消費はどのようなかたちでなされているだろうか。もちろん、石鹸を水に濡らし泡立て……。確かにそうなのだが、石鹸の消費のされ方ははたしてそれだけだろうか。その石鹸をよく見ると、よくテレビのコマーシャルで目にするあの石鹸かもしれない。その石鹸をスーパーマーケットの棚から選び出すとき、あなたはテレビコマーシャルに出ている女優の顔を思い浮かべたのではないだろうか。あるいは、その石鹸は天然の素材だけで作られた地球にやさしい石鹸かもしれない。そう、あなたはいつも地球環境問題を意識して暮らす自然派であり、石鹸一つを買うにしてもこだわりがあるのである。石鹸一つを取り上げても分かるように、私たちが毎日消費する物には、単に泡が立って汚れが落ちるという物質的な性質以外に、その物が社会の文脈の中で持つ意味も一緒に付着しているのである。

このように私たちは日常の中で、物質としての物を消費しているつもりで、実際にはその物が社会の文脈の中で持つ意味を消費しているのである。この石鹸はあの石鹸とは区別される高級品だ、とか、このお風呂で使うにはこの石鹸がふさわしい、とか、物は物どうし関連し合って一つの意味のまとまりをなしている。この意味で物は体系として私たちの前に現われ、その物が記号として担っている意味を、私たちは物の消費によって享受しているということなのである。

豊かになった現代社会では、生きるための必要で物が消費されることはほとんどない。衣食住に使う物を消費することで私たちは確かに自分たちの生を繋いでいるのだが、消費される物を選ぶとき、消費するときに重要なのはその意味のほうなのである。消費の持つ社会的な意味についての議論は、すでにヴェブレンによって展開されていた。ヴェブレンは「顕示的消費」という言葉を使って、見せびらかしのための消費について語っていた。上流階級の人々は自分たちが豊かな上流階級に属していることを示すためだけに、わざわざ高級なものを使うのである。この考えでも、消費されるものは、社会的なステータスを表わす記号として理解されていた。また、戦後、消費についてのデータに基づく研究を行なったデューゼンベリーという人は、所得の階層間格差に比べて消費のそれが小さいことに気づいた。そして、その理由を「デモンストレーション効果」という言葉で表現した。人々の消費水準は周りの人々にも知られることから、人々はお互いにお互いの消費水準を見比べ合い、そのために全体として消費の仕方が似てくるというのである。ボードリヤールは彼らと同じ線で考えながら、消費される物全てが記号の体系として存在しているという徹底した言い方をしたわけである。

†象徴交換と再生産

ボードリヤールは一九七二年、『記号の経済学批判』を発表し、消費から遡って消費される物が流通する側面に踏み込む。消費される物が記号であるなら、その流通は記号の交換である。ボードリヤールはこのことを象徴交換という言葉で表現する。この用語は、もともとは人類学で、伝統社会の人々が物をやり取りすることで互いの必要を満たすというよりも、何か霊的なものを交換して互いの絆を深めていると考えていることを表現する言葉であった。ボードリヤールは、こうした象徴交換は伝統社会に見られるだけでなく、記号としての物に託して社会的な意味を交換している現代社会にもあるではないかと言うのである。

さらに翌一九七三年に『生産の鏡』を発表したボードリヤールは、物の生産も記号の生産と見ることができると述べる。彼の考えは、消費、流通、生産へと遡ってきたのである。ボードリヤールは記号としての物の生産が持つ意味、したがって、現代社会において生産が持つ意味を、再生産という経済的な用語を独特に使うことで表現した。つまり、私たちの社会では新製品の生産も常に再生産であるというのである。なぜなら、それは一つの製品モデルの大量コピーに過ぎず、一つ一つの製品は決してそのオリジナリティーを主張できないからである。これは、かつて人々が自分の手作りの道具や品物を使って生活していたのに対し、現代では大量生産・大量消費が行なわれていることの別な表現である。しかし、注文品やブランドの一点物もあるではないか、と言うかもしれない。だが、注文品やブランド品が商業ベースで成り立つためには、その系統の品物が社会に受け入れられある程度大量に販売されなくてはならない。つまり、そのデザインやコンセプトを作るときに、どのようなものなら社会に受け入れられ、高級品として流通するかを考え、設計や企画が行なわれるのである。つまり、全くの新しい企画、全くの新しいデザインと見えるものも、社会の中にすでにある記号の体系の中に位置を占めるものとして探し出され、再生産されるものなのである。記号の体系の中に全く位置を持たない全く新しいものを生産したら、それは文字どおり再生産と区別された生産であろうが、社会からもまた理解されないのである。

さらにボードリヤールは、一九八一年の著作『シミュラークルとシミュレーション』において、現代社会で消費される物は記号の体系として存在していると述べたのを言い直して、それらは何かの意味を担った記号というよりも指し示す意味を持たないシミュレーションであると言った。人工のイクラやカニ風味カマボコを持ち出すまでもなく、私たちの生活空間はニセモノに満ちているだけでなく、それがニセモノであることも意識しなくなり、当たり前のものと感じられるようになっている。何か本物があってそれの代用としてニセモノを使っているわけではないのである。

こうしてボードリヤールは現代の消費社会を、無意味な記号を操作して暮らす空虚な場所として描き出す。そう言われてみると、毎日物質的にはことさら不自由を感じない現代にあって、私たちは何となくつまらない、空しいという感じに襲われることがあることに気づく。物を消費し生を充実するという満足感が欠けているのである。

このような現代社会のイメージは、ボードリヤールにとって「ハイパーマーケット」というものである。フランスで「ハイパーマーケット」という言葉は、日本で言うと郊外型のショッピングセンターを表わす。たとえば何もなかった荒野で、ある日突然大型のショッピングセンターの建設が始まる。それが完成すると何もなかったガランとした空間には現代の消費の豊かさを象徴するような品物が所狭しと並ぶ。やがてその周りには新興住宅街ができ、人々が集まって暮らし始める。人工的に作られた人々の上っ面だけの生活の場である「ハイパーマーケット」を、ボードリヤールは現代社会そのものの象徴と考えるのである。

†経済学と消費

経済学では消費についてどのように考えるのだろうか。実はその中味についてそれほどつっこんだ分析が行なわれているわけではない。もちろん、消費こそ経済的効用の源であり、人々は自分の効用を最大にするように予算の範囲内で消費する財を選ぶ。だが、それらを全体で集計してみると単なる消費総額ということに集約されてしまう。そして、消費総額は当初、所得に比例して決まると考えられていた。

だが、統計的なデータに基づいて消費総額について研究していた経済学者は、必ずしも消費総額と所得総額が比例していないことに気づいた。年々の所得の変化が景気を反映してかなり大きいのに対して、消費の変化はそれほどでもなかったのである。このことをどのように説明するかが経済学者の

（万円）

	30代	40代	50代	60代	70代	80代
所　得	4000	3000	5000	0	0	0
消　費	2000	2000	2000	2000	2000	2000
貯　蓄	2000	1000	3000	−2000	−2000	−2000

一つの課題となった。

上の表のようにある人物の生涯にわたる所得、消費、貯蓄について考えてみよう。この人は三〇代、四〇代、五〇代に働いて所得を得、六〇代、七〇代、八〇代を貯蓄を取り崩して生活する。働いている三〇年間の所得はその時代の景気の変動を反映してかなり変化している。しかし、どの時期を見ても消費の額は二〇〇〇万円で安定しているのである。逆に言えば、所得と消費は比例していないどころか、安定した関係は全くないように見える。このことの説明として、三つの仮説が提起された。

まず、デューゼンベリーによって提起されたのが相対所得仮説である。この人物は三〇代に四〇〇〇万円の所得をあげ、たまたまその半分を消費にまわした。そして、その消費が彼の生活水準となり、彼にはその生活水準で暮らすという習慣が形成された。そこで、四〇代に所得が三〇〇〇万円に落ち込んだときも二〇〇〇万円の消費を続けたし、五〇代に所得が五〇〇〇万円に増えたときも二〇〇〇万円の消費にとどまったのである。

また、フリードマンという経済学者は、恒常所得仮説を提起した。この人物の所得は三〇代、四〇代、五〇代で大きく変化しているが、これらを平均すると四〇〇〇万円となる。この人は当然所得には景気の波があることを知っているので、消費を決めるときに実際の所得ではなく、彼の予想する平均の所得のどれくらいを消費するか、という判断をするだろう。その判断はこの人の場合、平均の所得の半分を消費するというものだったのである。

モジリアニという経済学者は生涯所得仮説を提起した。人々が合理的に行動するなら、単に人生のその時期その時期の効用を考えるだけでなく、生涯にわたって効用を最大にすることを考えるだろう。若いうちに楽しむか、老後に楽しみをとっておくかの判断は人によって違うだろうが、この人は各時期に同額の消費をすることで自分の効用を最大にできるとする。そうすると、老後のことまで考えて、自分の生涯所得一億二〇〇〇万円を死ぬときにちょうど使い尽くすようにお金の設計をするだろう。自分は八〇代まで生きると予想し、老後三〇年間に必要な六〇〇〇万円を若いうちの貯蓄でまかなったのである。

21 対抗力

ガルブレイス『新しい産業国家』1967年
Galbraith, *The New Industrial State.*

†リベラル派としての人生

ガルブレイスは一九〇八年にカナダに生まれて、一九三一年カリフォルニア大学バークレー校を卒業して以来現在に至るまで、経済学の現状に批判的な立場をとり続け、アメリカの経済問題を鋭く指摘してきた特異な経済学者である。大学の教員となるまでのあいだ、雑誌『フォーチュン』の編集委員をしていたことも、現実の経済から発想する姿勢を確固たるものとした理由だろう。一九四九年、ハーバード大学経済学部の教授に就任するが、彼もまた象牙の塔にこもることなく、ケネディ政権では一九六一年から一九六三年までの三年間、アメリカの駐インド大使を務めた。

学問的というよりもジャーナリスティックな彼の文章は大いに大衆に受け入れられ、アメリカの批判的な経済学者として社会的に認知も受けて現在に至っている。その証拠に一九七二年にはアメリカ経済学会の会長に就任した。彼の旺盛な批判精神は、九〇歳になった今でも衰えを知らず、経済と経済学の現状に警鐘を鳴らし続けているのである。

彼について、「大変な名文家であるのは罪である。内容のないことももっともらしく読ませるからだ」と酷評した経済学者もいる。しかし、ガルブレイスは、「一流の経済学者と二流の経済学者の違いは、歴史的な視点があるかどうかだ」と応酬するのである。

†テクノストラクチャーと依存効果

アメリカにはこの本でも紹介したヴェブレンに始まる制度学派という伝統がある。数理化された経済分析を嫌い、現実のデータや観察に基づき、歴史と共に移り変わっていく経済制度を見極めることが大切であると考える伝統である。ガルブレイス本人も自覚的にこの流れに立っていると言える。また、彼は第二次世界大戦中、若いリベラルな経済学者として物価局の役人となり、左派的と目されたニューディール政策の遂行に従事していた。こうしたことも、ガルブレイスの批判的な立場の背景になっている。

ガルブレイスは、経済学の理論を通して現実を見ようとするとその色眼鏡に妨げられて本来の姿が見えなくなると考える。そして、なによりも現実をよく見つめその中にある本質が何であるかを見極めて、将来を予測しなくてはならない。彼は常にそう思い続けてきた。そうして見たとき、ガルブレイスの眼にはアメリカの経済が、一般に思われているように競争的ではなく、むしろ官僚機構が大きな力を握る計画経済に近い体制であるように映った。確かに、アメリカ経済に関するこうした誤解は今日の日本にもあって、アメリカは日本以上に競争的であるかのように思っている人も多い。しかし、アメリカの企業体制のことを古くからビッグビジネスと呼ぶように、多くの産業でアメリカは二、三社からなる寡占状態にある。日本の経済がこれまで互いのシェアを尊重しながら一〇を超える多数の会社で激しく競争する体制にあったのに対し、アメリカの経済は古くから激しい生き残り競争と金融的な業界の集約・再編によって少数のビッグビジネスが支配する体制となっていたのである。しかし、経済学の理論を通して見る限り、いわゆる自由競争の中心的な国であるアメリカの経済は、必ず競争的であるに違いないと考えてしまう。ガルブレイスは実際は違うことを見なくてはならないとし、アメリカの経済を大企業、大労働組合、大商業組織、大銀行などが隅々までネットワークを張り巡らして、運営している体制であるとしたのであった。

このような体制では、経済の真の主権者はそうした大組織を実際に運営している官僚たちであるとする。そして、ガルブレイスは、一九六七年に出版された主著『新しい産業国家』で、現代経済を牛耳る官僚機構をテクノストラクチャーと名づけた。極めて精緻な経営知識と組織運営のノウハウを持ち、情報を独占して経済を運行する集団の意味である。大企業でも大労働組合でも現代社会の本当の支配者はこうしたテクノストラクチャーなのである。

このような現実を見ることなしに現代経済学では、経済の主人は生産されたものを購入して消費する私たち消費者であるとし、消費者主権という考え方を守っている。しかし、ガルブレイスに言わせると消費に関してすら、私たちは自分の意思で決定していないのである。私たちは、自分がスーパーである冷凍食品を買うと、それはもちろん自分の満足のために自分が選択したものであると考えている。しかし、実際にはテレビで何度もその製品が宣伝されていたために、知らず知らずのうちにその製品のイメージを私たちが植え付けられてしまっていたのかもしれない。と言うより、今ではよく知られているように、冷凍食品を作っているメーカーは莫大な広告費、宣伝費をかけて販売促進活動をしている。私たちの消費欲求、製品に対する需要をそうやってお金をかけて作り出しているのである。現代においては私たちの消費ですら、大企業の操作の対象となっている。こうして消費対象が大企業の活動によって決められる現代社会の消費の在り方を、ガルブレイスは依存効果という言葉で表現した。これは、現代経済学の、自分の純粋な満足感のために私たちは消費しているという考え方に疑問符をつけるのに十分なものだったのである。

†対抗力としての政府と公共目的

このような現代社会におけるテクノストラクチャーへの権力の集中は、さまざまな弊害を生む。彼らは新しいものよりいいものを作り出すこと以上に、自分の組織の収益が守られる限り安定のほうを望むのである。こうして技術革新が遅れたり、金にならない分野へお金を投じることがおろそかになったりする。金にならない分野には人間にとって重要なことがたくさんある。たとえば、老人や障害者の福祉、文化や教養に関する教育、などである。こうしたことがおろそかになれば、組織は繁栄するかもしれないが、社会はギスギスし潤いのないものとなっていくであろう。犯罪や人間関係の荒廃が多くなり、社会が崩壊に向かうかもしれない。ガルブレイスはこのような社会の維持と改善のために必要な分野にお金を使うことを公共目的のための投資と呼び、現代社会でこれを充実していくためにこそ、政府の経済への介入が必要であるとした。普通、経済学の理論が、市場の失敗を補完するためにしぶしぶ政府の介入を認めるのとは対照的である。

さらに、政府の経済への介入は現代社会でより重要な意味も持っている。それは、政府が、テクノストラクチャーに支配される大企業体制に対する対抗力となるという意味である。アメリカには日本の独占禁止法に相当する反トラスト法という法律があるが、これはその内容もそれを運用する組織も日本よりはるかに強力である。ガルブレイスによれば、社会は、一方に強大な権力が集中してくるとその反対の極に、一方の権力を牽制し対抗する権力を育てる。アメリカの大企業体制の場合は政府がそれであると言う。ガルブレイスによると、政府には、テクノストラクチャーの横暴を抑え込み、公共目的のために投資を行なう重要な役割があるのだ。

だが、このことは政治的な主権者である国民が政府の行動をよく監視し、十分にチェックすることがないと成功しない。それどころか、政府は大企業体制に対抗する必要上、企業のテクノストラクチャーと瓜二つの官僚群を作り上げる。そうした政府官僚はそれ自体一つのテクノストラクチャーであり、その行動規範はやはり官僚自身の利益に繋がる安定ということである。両方のテクノストラクチャーの利害はこうして一致するから、国民が気をつけて見ておかないと必ず企業と政府の癒着が起きるのである。つい最近どこかの国で起きた汚職騒ぎを予言するような言葉ではないか。

†バブルは合理的か

一九八〇年代後半から一九九〇年代初めにかけて日本はバブル景気に沸いた。だが、そのバブルが崩壊したことによって日本は長い不景気に落ち込んでしまっている。同じことが、日本に一〇年先立ってアメリカでも起こっていた。そして、現在は、アジアの新興諸国でのバブル景気の崩壊が世界の不景気色を強めている。

こうしたバブルとはなぜ、どうして発生するのであろうか。ガルブレイスはちょうど日本のバブル景気の頃に、バブルの歴史とその不合理さを鋭く突いた歴史書や小説！を発表し、全く公共目的とはかけ離れた、利益のためだけに利益のあがる分野へお金が投じられることの狂気を描いてみせている。

実は、経済学には合理的バブルという考え方がある。そのことを確認し、それが本当に合理的なのかを考えてみよう。

バブルとは資産価格が物凄い勢いで上昇しているときに発生していると考えられる現象であることはよく知られている。では、そもそも、資産とは何だろうか。私たちは働いて所得を得るとそれを全て使ってしまわず、いくらかを貯蓄する。その貯蓄は多くの場合、働けなくなる老後に向けた蓄えである。貯蓄によって私たちのもとに蓄えられるものが資産である。だから、資産にはさまざまな種類がある。銀行預金は最も身近な資産であろう。そのほかに株式や社債、国債などの証券類も資産のかなりの部分を構成している。その他に土地や家屋敷といった実物資産もある。

このようにさまざまな形をとる資産だが、全てに共通なのは所得が将来の消費のためにそこに蓄えられており、それに相当するお金が現在誰かによって経済活動のために使われているということである。こうして、他人の経済活動を助ける見返りとして資産はその持ち主に収益をもたらしてくれる。一番分かりやすいのは銀行預金や債券につく利子だが、株式の場合は配当、土地や家屋敷の場合は地代や家賃がそれである。こうした収益が金額に比べて大きい資産には人気が集中するから、その資産を新規に手に入れるための値段は高騰する。そうすると収益を割る分母である値段が大きくなり、収益率は他の資産とひとしなみになってしまうのである。こうして、どの資産の収益率も世の中の金利とほぼ等しくなる。

今の説明から、資産価格が毎年手に入る収益額を金利で割ることによって求められることも分かるだろう。次頁の表の左下にあるように、毎年一五万円の収益のあがる土地の値段は金利を三%とすると五〇〇〇万円になるはずである。この価格は、今年土地を購入して一年後から収益をあげる人が、一年後の一五万円を一足す金利で割り引き、二年後の一五万円は一足す金利で二回割り引き、三年後の一五万は……、として、それらをずうっと将来まで続けて合計した金額と等しくなっている。こうして決まる五〇〇〇万円をこの土地のファンダメンタル価格と呼ぶ。

ファンダメンタル価格	この土地が700万円でも買うか？
15万円÷1.03	700　バブル200
＋15万円÷1.03÷1.03	706　バブル206
＋15万円÷1.03÷1.03÷1.03	712　バブル212
⋮	719　バブル219
＝15万円÷0.03＝500万円	⋮
	と値上がりするなら買う。

それでは、あなたはファンダメンタル価格が五〇〇万円のこの土地が七〇〇万円で売りに出されていたら買うだろうか。普通は買うまい。しかし、表の右のように、この土地が来年は七〇六万円に、再来年は七一二万円になるのであれば買って損はない。たとえば、再来年あなたがこの土地を売ったとすると、来年の一五万円の収益、再来年の一五万円の収益に加えて、売買差益が一二万円出る。来年、再来年の一五万円で、ファンダメンタル価格五〇〇万円に対する利益は確保しているから、この一二万円は残り二〇〇万円についたものと考えられる。二〇〇万円に二年間三％複利で利子を付けると一二万円になるから、売買差益がちょうどそれに相当するのである。このようにファンダメンタル価格を上回って資産価格を膨らませ、毎年毎年一足す金利で膨張を続ける部分がバブルである。

だが今の話から明らかなように、資産価格にバブルが含まれるとしても、それが毎年毎年きちんと膨らむことが確信できれば、その資産を買うことは合理的であると言える。だが、世の中に合理的なバブルは存在するだろうか。理論上は可能であっても、本来五〇〇万円の土地がやがて五〇〇〇万円、一億円、五億円となっていったら、やはり人々は異常な感じを受けるだろう。そして、誰かがそんな疑問を抱いたとたんにその土地は買い手を見失い一気にバブルが崩壊するのである。だが、いつかバブルが崩壊するのを予想すれば、初めから人はバブルを含んだ資産を買うことはないはずではないか。しかし、人々は、自分だけはうまく売り逃げられると思い、このゲームに参加するのである。現代、ますます世界中で、お金を移動させることだけによって利益を追い求めることが流行しているが、その発想はバブルを信じる心理と同じなのである。

22 無知のヴェール

ロールズ『正義論』1971年
Rawls, *A Theory of Justice.*

†罪の意識と正義への情熱

ジョン・ロールズを初めて読んだとき私は清々しさと、現代においてこんなことを正面から論じるのはどのような人なのだろうという感慨を抱いた。そして、そのことは、彼の生い立ちと当時のアメリカの状況を考えるとき、至極当然のことだとも思うようになったのである。

ロールズはアメリカのメリーランド州、ボルティモアという港町に男だけ五人の兄弟の次男として生まれた。父親は貧困から身を起こして弁護士として成功した人物である。ロールズが子供の頃、二つの不幸が一家を見舞う。まず、ロールズから感染したジフテリアによって弟ロバートが死んだ。そして、翌年にはやはりロールズから感染した肺炎によって弟トマスが死んでいる。家族も幼いロールズにそんなことを言ったりはしなかっただろうが、ロールズは、自分が外から持ち込んだ病気によって二人の弟を殺してしまった、それなのに自分は生き延びてしまった、という罪の意識を子供心に強く植え付けられてしまったようである。ロールズは大学に進むと迷わず哲学を専攻するが、彼の強い倫理観はこの少年時代の強烈な体験に由来しているように思われてならない。

彼の上には六歳も年上の兄がいたが、兄は子供の頃大変なスポーツマンで勉強もでき、ロールズにとって英雄そのものだった。一九三九年、進学したプリンストン大学では、ロールズも、兄に負けまいとアメリカン・フットボールの選手として活躍する。大学を卒業する頃、第二次世界大戦は終盤に近づいていた。一九四四年、すっかり逞しい青年になっていたロールズはアメリカ陸軍に入隊し、ニューギニア、フィリピンを転戦する。言うまでもなく、日本軍とアメリカ軍が死闘をくり広げた戦場である。やがて、日本の全面降伏によって第二次大戦は終戦を迎え、ロールズも大学出の士官として日本の占領軍に加わることになる。そこで、原爆を投下された長崎、広島の惨状を知ったロールズが、はたしてアメリカの戦争は正義の戦いだったと言いきれるのか、そもそも正義とは何なのか、という根本的な疑問を持ったであろうことは想像に難くない。

除隊したロールズは母校の大学院に入学し、倫理学の研究に没頭することになる。とりわけ、一八世紀の思想家ロックの複雑にして多面的な考え方に強く興味を引かれたようである。私はこの本を著すにあたって、第一章にロックを持ってくることも考えた。しかし、それぞれの経済学者や思想家の考えを現代的なインプリケーションのレベルで分かりやすく提示しようという趣旨からすると、どうも私の中ではロックとロールズが重なり合って仕方がなかった。そこで、ロックの思想の解説をロールズの『正義論』の紹介で代えようと思ったのである。

その後、母校であるプリンストン大学の講師となったロールズは、大学での教育の傍ら、アメリカを中心に目覚ましい発展を遂げつつあった当時の経済学の考え方を勉強した。そのことがロールズの倫理学に微妙な陰影と現代の批判に耐える強靭さを与えたのではないかと思う。

その後、彼はいくつかの書物をものしながら主著の完成を準備する。そして、一九七一年満を持して出版されたのが『正義論』であった。出版とともに驚くべきことが起きた。倫理学の抽象的な考えや、論理的なアクロバットを含んだこの堅い本が、アメリカの一般の市民を含む読書界に極めて好意的に受け入れられたのである。

こんなことがなぜ起きたのか理解するには、アメリカにとっての一九七一年がどのような時代であったかを考えなくてはならない。当時アメリカは、ベトナムでソ連の支援を受けた社会主義政権と戦っていた。フランスが援助の手を引いた南ベトナムが劣勢であったため、北ベトナムに爆弾を落とすいわゆる北爆をくり返していたのである。また、枯葉剤と呼ばれた現在問題になっているダイオキシンを空中散布し、それによって多くの奇形児が生まれるという事態も招いていた。ベトナム戦争までアメリカ人は、自由と民主主義の国アメリカが不正義を犯すはずはないと素朴に信じていたと言っていい。しかし、これらベトナム戦争の惨状が世界のマスコミによって報道されるに及んで、アメリカ市民の間にも強い疑いの気持ちが沸き上がった。若者を中心として国内にベトナム反戦の運動が広がっていったのである。政府の正義・不正義とは何なのだろうか。人々はその答えを渇望していた。

また、同時にこの時期までの六〇年代は黒人の権利運動が盛り上がりの絶頂を迎えていた時代でもあった。キング牧師はガンジーに学んだ非暴力・不服従を訴え、一九六三年、ワシントンのホワイトハウスをめざす大きなデモ行進を組織していた。一方で、マルコムXは、イスラム思想に基づく過激な闘争路線を訴え、一定の支持者を集めていた。こうした動きは、六〇年代の民主党政府の公民権法に基づく政策によっても後押しされていたので、全てのアメリカ市民は黒人や貧困者などの社会的な立場をどう処遇すべきなのか、どういう扱いが人間として正義にかなうのかを知りたいと思うようになっていた。

こうしたアメリカ市民の渇望に対し、乾いた砂に水が急激にしみ込んでいくように『正義論』は入り込んでいったのである。

『正義論』のこの成功は、経済学者の中にも、経済的平等の問題についてもう一度考えなくてはならないという気運を生んだ。そして、ロールズの発想は国民の幸せを考える公共経済学の分野の一つの立場として着実な位置を占めている。

✝公正としての正義と基本財

現代において真正面から正義を論じるのは気恥ずかしい気がするだけでなく、利害関係が複雑に入り組んだ現代社会では何が正義かを言うのは極めて困難なことでもある。ロールズは、まず、正義という徳目が何を意味するのかを探ろうとする。ロールズによれば、正義という徳目は自由や平等、幸福といったそれ自体として意味のはっきりした徳目よりも上位の徳目であると同時に、それらを包み込むようなより形式的な徳目である。別な言葉で言い換えるなら、正義とは公正であり、公正とは人々が分け隔てなく等しく差別のない扱いを受けるということである。

差別のない扱いと言っても、どういった点で違いがあると差別でどこまでの違いなら差別ではないか分からないではないか、という疑問に答えるために、ロールズは基本財という考え方を導入する。基本財には財という文字がついているが、いわゆる品物としての財よりずっと広いものである。ロールズの厳密な言い回しをあえて分かりやすく言えば、生命・自由・財産という人間が生きていく上で最低限必要な条件をそう呼ぶのである。実は、先ほど紹介したロックがプロパティーという用語で生命・自由・財産を一括して表現しており、私はその辺にヒントがあったのではないかと思っている。この基本財を入手し確保する権利がみんなに等しく与えられていることが正義なのだが、それでは実際の与えられ方はどのようなものでなくてはならないのだろうか。権利は平等でも、実際に成功して財産を多く得る人と失敗して貧困に落ち込む人との違いはどこまで許されるかということである。ロールズは全くの平等では、人々の働きや能力が評価されていないから、それではある意味で不正義だとする。それではどこまでの不平等が許されるかについて、ロールズはある画期的な発想を披露するのである。格差原理と呼ばれるこの発想は、単純な平等の考え方と違い、社会の中で最も恵まれない人に基準を置く。そして、その人と他の人との生活条件の格差に着目し、最も恵まれない人を最も幸せにするように社会が行動するのが正義にかなうとしたのである。たとえば、アメリカの社会のなかで、黒人が最も恵まれない階層であれば、アメリカの社会は彼らの生活を最も改善するような施策をすべきだというのである。最低の生活を可能な限り最高にするので、これをマキシミン原則、つまり、ミニマムをマキシマムにする原則と呼ぶ。

だが、それは一つの考え方に過ぎず、格差原理が社会の認める正義であるということは論証されていないではないかと言う人がいるかもしれない。それに対する答えをロールズはちゃんと用意している。あるフィクションにおつきあいいただきたい。

むかしむかし、まだ社会というものがなかったころ、人々が集まって社会を作る相談をしたそうじゃ。そこでまず決めなくてはならなかったのは、社会が何をすべきかの原則、つまり社会にとって正義とは何かということだったんじゃ。みんなは、なんとか自分に一番有利なように正義の原則を決めようと考えた。ところが、人々は初めて会ったので面識もなく相手がどういう人物かはもちろん、これから作られる社会のなかで自分がどういう位置を占めるのかも知らなかったそうじゃ。つまり、自分は社会のなかで優れた人間なのか劣っているのか、成功しそうなのかダメそうなのか、自分とは何者なのか分からなかったのじゃ。そこでみんなは考えたんじゃ。自分にとって一番最悪な場合、つまり、社会のなかで自分が一番恵まれない人間である場合を考え、そういう自分を救ってくれる正義を考えれば安全じゃな、と。こうして社会は始まったそうじゃ。

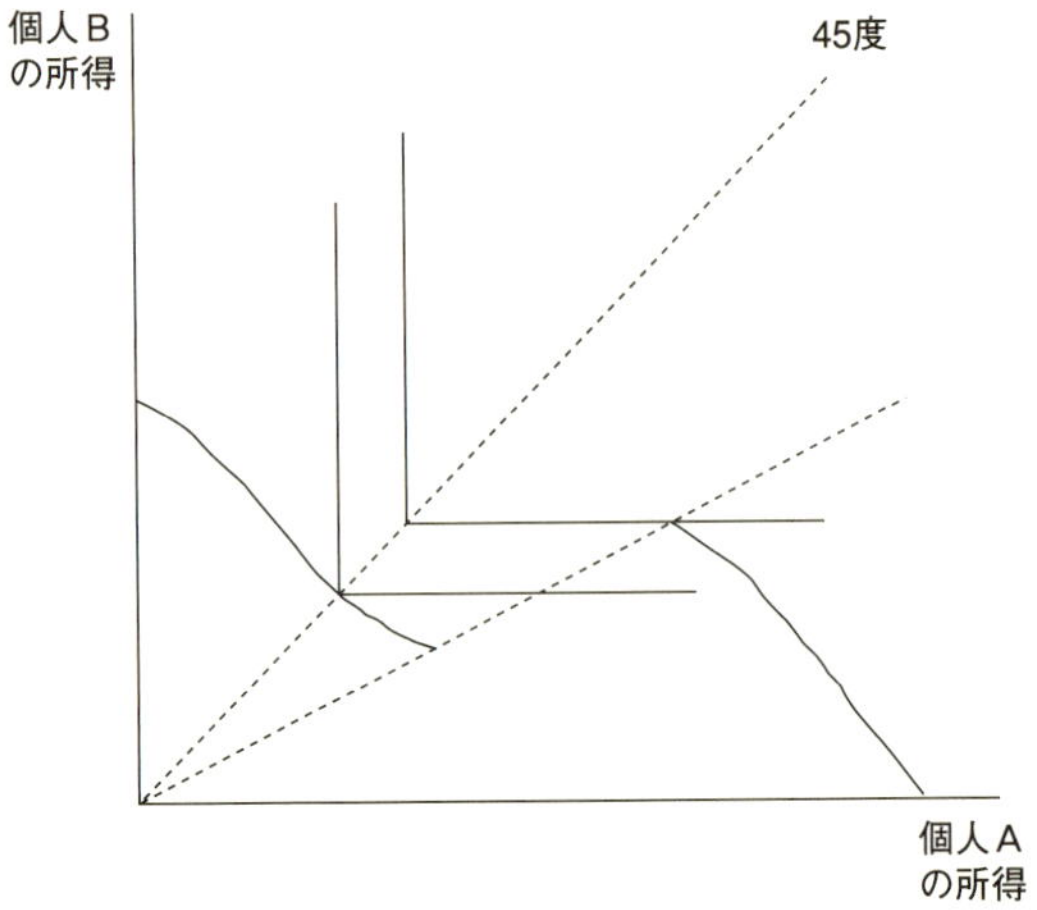

ロールズはこのフィクションを原初状態と呼び、慎重な個人が自分が最悪な状態に落ち込む危険を心配して共通に示す判断だから、格差原理が正義であることは論証されているとしたのである。彼は、自分が何者であるかを知らないという空想を「無知のヴェール」と表現したが、私は、ロックの時代の「神の前には皆平等」という思想を現代風に洗練したのがこれであると思っている。

†不平等はどこまで許されるか

今、図を使って、ロールズの考えが必ずしも完全な平等を意味しないこと、それほど単純ではないことを示しておこう。

社会には個人Aと個人Bの二人がいるとしてそれぞれの所得を横軸と縦軸にとる。二人は協力して一年働き、その所得を分配してそれぞれの生活を営んでいる。

所得の分配が個人Aに有利になれば個人Bの所得は減るし、逆は逆だから、所得の分配の仕方を表わす曲線は図の左端から出ているように右下がりになるであろう。図には四五度の点線上でL字に折れ曲がる直線が書いてあるが、このL字直線は二人の生活状況に関する格差原理による社会の評価を表わしていると考えられる。右上のL字になればなるほどみんなが豊かになるので評価が高いのだが、なぜL字かと言うとより貧しい人の生活が改善されない限り、社会の評価は高くならないからである。四五度の点線より右では個人Aがより貧しいし、左では個人Bがより貧しい。

そこで社会はL字直線の中でできるだけ右上にあるものと所得の分配を表わす右下がりの曲線が触れる点を望ましい点として指示するだろう。左端から出ている曲線を見る限りそれは四五度線上、つまり二人の所得が全く等しい点に思われる。だが、個人Aが能力の高い人で、彼は自分ががんばればそれだけ報われるとき、一生懸命働いて社会全体の所得を増やしてくれるとしたらどうだろうか。四五度線を境にして、右に行くほど個人Aの貢献が高く評価されて彼の所得が多くなることを意味するが、図の右下の点線まで評価が高まったとき、個人Aは俄然張り切り、所得の分配を表わす曲線は右下のそれに跳ね上がるのである。すると、社会が望ましいとするのは前より右上のL字直線と新しい所得の分配の曲線が接する点であり、そのときは生活水準が不平等になるのが分かる。だがそれでも先ほどの点と比べると、個人Aの所得はもちろんだが個人Bの所得も改善されており、今の説明が格差原理にかなっていることが分かるのである。

所得税の累進税率の問題を考えるときでも資産税の問題を考えるときでも、過度に平等を押し進めると能力のある人のやる気を削ぎ、社会全体の所得が少なくなることでみんなが損をする可能性があることは、現代では考えておくべき重要な性質である。

23 犯罪の経済学

ベッカー『人的資本』1964年
Becker, *Human Capital.*

†毀誉褒貶の中で

ゲイリー・ベッカーは、一九三〇年にアメリカのペンシルベニア州ポッツビルに生まれた経済学者である。一九五一年にプリンストン大学を首席で卒業後、シカゴ大学大学院に進み、そこで次章で述べるフリードマンという経済学者の指導を受けて一九五三年に博士号を取得した。大学院在学中にすでに講師の地位にあったベッカーだが、卒業後はコロンビア大学の教授を経て、一九七〇年から母校シカゴ大学の教授として研究、教育に多忙な日々を送ってきた。コロンビア大学の教授に就任したとき彼はまだ二〇代であった。また、一九九二年にはノーベル経済学賞を受賞している。どうしてそのような、現代をリードする典型的なエリート経済学者を、この思想の本で取り上げるのか疑問に思われる人もあるだろう。だが、シカゴ学派という現代の経済に関する考え方を語るときに必ず取り上げられるグループの代表的な人物と目されるベッカーは、私たちの経済の見方に知らず知らずのうちに大きな影響を与えていると私には思われるのである。

ベッカーの考え方の特徴は、日常的な事柄を含めて人間のあらゆる行動を満足の最大化という経済学的な方法で説明しようと試みることにある。また、一九六四年に出版された代表的著作『人的資本』では、各人の能力は所得を稼ぎ出す資産と考えることができ、その人が残された一生でどのくらいの所得をあげるかを試算すれば、その人間の値段を算定できることを示した。後で見るようにこれによって、私たちの行動がドキッとするほどよく説明できることに目を見張る人がいる一方で、人間を人間らしさにおいて見ないであたかも欲望に最大の満足を与えるようにプログラムされた機械であるかのように見るものだとして不快感を示す人も多い。しかし、ベッカーの議論にはある意味で人間性の本質を突いている部分があるのも事実であり、私たちはそれを見据えた上で人間の人間らしさを語る必要があるのではないだろうか。

シカゴ学派という言葉が使われるようになったのは一九六〇年前後からだと言うからそれほど古い話ではない。さらに、シカゴ学派の考えには、初期の、主流の経済学に批判的で左派的な学者から、現代の自由競争を重視し右派的な学者まで、大きな振幅がある。したがって、シカゴ学派という括り方自体おかしいのではないかと言う人もいる。だが、そういう名称が用いられるのにはそれなりの根拠があるだろう。私は、シカゴ大学生え抜きの経済学者たちに共通の伝統を、経済を見るときに生身の人間の持つ性質からスタートする点にあると思っている。経済を何かメカニカルな制度や仕組みと考えるのではなく、あくまでも個々の人間の織り成す動きとして見、常に人間とはどういうものかに立ち返ってものを考えるという伝統である。そこにシカゴ学派の考え方に独特な魅力がある。

†子供は消費財?

ベッカーは博士論文で早くも、人種差別がアメリカの経済において果たしている機能を明らかにする試みを行なった。人種差別はあくまで消滅させるべき対象であり、それをタブーとして語らないことはあっても学問的な解明の光を当てることがなかった当時、ベッカーは自分の将来の研究の方向をハッキリと自覚した一歩を踏み出したと言えよう。

その後、ベッカーは結婚、犯罪、教育などおよそ経済と関係のないと思われる事柄も、実は人間の利益の最大化を背景に持っていることを論文で示し続けた。その手法はある意味で単純で、この本でも経済学の基本的な考えとして説明した満足の増加と苦労の増加が等しくなる点まで行動をするという見方に貫かれている。言い換えれば、結婚の市場、犯罪の市場、教育の市場で需要曲線と供給曲線が交わるところに、結婚や犯罪の相場とその件数が決まるとするのである。たとえば、今ある人が一台の自動車を盗むかどうか迷っているとしよう。彼は自動車を手に入れて使うことから得られる満足とある確率で捕まって服役をすることに伴う苦労を比較し、満足の方が大きければ車を盗むだろうし苦労の方が大きければ盗まないだろう。このようにして人々が行動する結果、社会全体として新しい犯罪をもう一件犯すことから得られる満足とその犯罪者が負う苦労が等しくなるところに犯罪件数が決まるのである。もし、警察ががんばって捜査したり裁判所が厳しい判決を下したりするようにすれば、犯罪の市場の供給曲線が上に移動するので犯罪の件数は少なくなるであろうというのがベッカーの結論である。ちなみに、ベッカーはこの考えを大学の近くに路上駐車をしようかどうしようかと迷っているときに思いついたという。

ちょっと極端だと思うかもしれないが、この考え方がいろいろなことをよく説明してくれることも事実である。たとえば、ある国が発展するにつれて初めは人口が急増するがやがて安定し、しまいには減少を始めることはよく知られている。これは経済発展によって最初死亡率が急に低下した後に安定する一方で、出生率が下がり続けるからである。この出生率の低下の理由をベッカーは子供という消費財の市場の変化で説明する。子供を消費財などと言うのはけしからんと目くじらを立てる人もいるかもしれないが、少し耳を傾けてほしい。子供を生み育てることから得られるかけがえのない喜びは古今東西変化がないとすると、子供の生産量の減少は供給曲線の上への移動によるものである。経済が発展してくると社会に出てどんどん複雑な仕事をこなさなくてはならなくなるから子供の教育にかかる費用は上昇し続ける。同時に女性のできる仕事も増えるので育児のために家庭にこもることで失われる収入の可能性も多くなる。これらが子供を生産するときの費用だから、社会の発展とともに需要と供給の交点は左に移動し、出生率は低下していくのである。だから、人口の減少を防いで国が衰退しないようにするには、教育に国が補助を出したり、能力のある女性が育児をしながらでも働きやすい環境を作っていくことが必要だということもすんなり結論できる。

不確実性への対処と合理性の限界

人間の日常生活に潜む、私たちの無意識の行動もまた、合理的な選択と判断に基づいている面があることを示してみせたベッカーであったが、まさにそのような選択と決断が意識的に行なわれている金融・投資の世界を覗いてみよう。

私たちはすでに見たように、将来の消費のために資産を蓄えているが、その資産の蓄え場所をどこにするか悩むことが多い。それは、将来資産を取り崩したり資産の収益をおろしたりするときに、元手が取り戻せるのかそれ以上の値上がりがあるのか、予想された収益を実際の収益が上回るのか下回るのか、いろいろな予想をした上で最も有利な判断をしなければならないからである。

ところで、資産には、一つの場所に蓄えるよりもいくつかの場所に分けて蓄えた方が安全であるというはっきりした性質がある。不思議なことに将来の危険性、つまり、リスクそのものが、分散して蓄えることで小さくなるのである。数値例で説明しよう。

二〇〇〇万円の資金をどう運用しようか迷っている人がいるとしよう。具体的にはこの人は、自動車会社の株式と食品会社の株式をそれぞれいくらずつ買うか考えている。いま、表のように、半々の可能性で起きる円高と円安によってそれぞれの株式の配当の割合は大きく変化することが分かっている。円高の時には輸出が不振になるために自動

	円高	円安
自動車	0%	50%
食　品	20%	0%

車株の配当はゼロになってしまうが、円安になると輸出が好調になって五〇%の高配当になる。他方、食品株は、円高の時には原料の輸入価格が下がって二〇%の配当を約束できるが、円安の時には経費がかさ張って配当がゼロになる。

いま仮に、自動車株にだけ投資をしたらどうなるかと言えば、収益は、円高の時にはゼロ、円安の時には一〇〇〇万円であり、平均あるいは期待値は五〇〇万円である。逆に食品株にだけ投資をすれば、収益の期待値は二〇〇万円になる。この二種類の投資方法で比べるとして、この人は期待値の高い自動車株を選んでいいものだろうか。投資の判断にはもう一つ重要な要因を考えることが欠かせない。それがリスクである。リスクは、実際に起こるいろいろなケースの平均である期待値に対して、実際の出来事が平均からどれくらいばらつくかを表わす標準偏差という数値で表現できる。標準偏差の求め方を自動車株で言うと、次のようになる。自動車株の平均の収益は五〇〇万円だから、実際に起こるゼロの収益と一〇〇〇万円の収益から先ほどの五〇〇万円を引くと、それぞれのケースで平均からのずれがマイナス五〇〇万円と五〇〇万円になる。これらをそれぞれ二乗したものを円高、円安の半々の可能性で平均すると二五〇〇万円で、この平方根をとると五〇〇万円で、それこそ標準偏差である。字面だけ読むと複雑に感じるかもしれないが、結局これが大きな資産ほど危険であるということだ。食品株にだけ投資をしたときの標準偏差は二〇〇万円だから、平均を見ると自動車株が儲かるが、安全性は食品株が高い、と一長一短という結果になるのである。ここで述べたことを世間では、「ハイリスク・ハイリターンを選ぶか、ローリスク・ローリターンを選ぶか、それが問題だ」と言っている。

だが、実は自動車株と食品株を混ぜて投資するともっといいことがある。それぞれに一〇〇〇万円ずつ投資すれば、円高の時には食品株から二〇〇万円、円安の時には自動車株から五〇〇万円入るので平均の収益は三五〇万円である。このとき標準偏差を計算すると一五〇万円で、先ほどの例より下のリスク、中間のリターンになっているのが分かる。同じように、自動車株に一五〇〇万円、食品株に五〇〇万円だと、期待値四二五万円、標準偏差三二五万円になるし、自動車株に五〇〇万円、食品株に一五〇〇万円だと、期待値二七五万円、標準偏差はなんと二五万円になる。このようにして自分が一番満足する資産の構成を考えることが必要だということであり、こうした構成を金融の世界ではポートフォリオと呼んでいる。

このような投資の分散を広範囲にきめ細かく行なうには、強力な情報収集の能力と多額の資金が必要であることは予想されるだろう。余程のお金持ちでない限り、個人には無理そうである。そこに、金融機関という専門業者が出てくる根本的な理由がある。銀行、証券、生命保険、投資信託などなど、いろいろ名前は違うが、どの業者もたくさんの人から少しずつ集めたお金を最適と思われるポートフォリオで運用している点では全く違いがない。

では、私たちはどこかの金融業者さんにお任せしっぱなしでいいのだろうか。そうではない。業者自体の安全性にもこれからは大いに違いが出てくるし、それぞれ運用の仕方にも癖があるので、やはり大事な虎の子を預けるにあたってよく調べて慎重な判断をしなくてはならない。また、何よりも重要なのは、一社に任せるのではなく、何社かに分散して自分に最適な組み合わせで資産を運用することなのである。

大きくて優秀な金融機関は、先ほど見たような方法で、極めて緻密にポートフォリオを考え、さぞかし安全で収益率の高い運用をしているだろうとご想像になるだろう。確かに、彼ら自身もそう考えて業務をしている。だが、ここに人間の合理性の限界がある。投資を分散するときの判断の基準となった将来への予測は決して完全ではないのである。世界中のありとあらゆる資産の情報を集め、細かく分散して投資をすることで絶対の安全性を確保していることを売り物にしていたアメリカのヘッジ・ファンドの破綻などを見ていると、やはり、現実の経済の持つ不確実さはその最後の最後には人間の手に負えるものではないのだ、という感慨を持たざるを得ない。それらヘッジ・ファンドも、すでに計算済みのはずであったアジアやロシアの経済危機の深刻さを十分に読みきれてはいなかったのである。しかし、私たちがこの経済の中で生きていく以上、可能な限り将来を予測し十分な対処をしておくべきことは言うまでもない。それでもなお、その予想を上回る変化が起き、と、このようなことをくり返しながらしか、私たちは歩んでいけないのであるから。

24 裁量とルール

フリードマン『資本主義と自由』1962年
Friedman, *Capitalism and Freedom.*

†叩き上げの男

フリードマンは現代の自由主義を代表する論者と目されているので、もともと自由な競争の中で成功した実業家か何かの家に生まれた人と想像する向きもあるかもしれない。しかし、実際はその逆であり、アメリカの貧しい白人の家に生まれた。小さい頃は新聞配達で学費を稼ぐなど大変な苦労をしたという。むしろ、苦労を知らない家柄に生まれた人物に平等を尊ぶ社会主義者が多く、叩き上げの人物には自由主義者が多いという一般法則が成り立ちそうなのは面白いことである。

フリードマンは一九一二年、ニューヨークに生まれた。ラトガース大学とシカゴ大学で学び、一九四六年にコロンビア大学から博士号を取得している。その後、財務省や全米経済研究所で貨幣量の歴史的なデータに基づいた実証研究に従事し、ミネソタ大学とシカゴ大学で教鞭をとった。彼の栄光の時代は後半生に訪れ、ケインズ政策に反対する論陣を張って一九七〇年代以降の政策論争をリードした。一九七六年にはノーベル経済学賞を受賞し、貨幣量を重視せよという彼の政策はアメリカのレーガン政権によって採用された。一九七〇年代末の急激なインフレは、レーガン政権下で連邦準備制度理事会議長を務めたヴォルカーの貨幣量の引き締めによって一気に沈静化された。他の先進国でもマネーサプライと呼ばれる貨幣量を政策のターゲットにすることが流行し、ある程度今に至っている。

経済学の世界でも、その後、フリードマンの主張をさらに緻密な理論によって根拠づける動きが主流となっていくが、その一方でフリードマンが言うように貨幣だけが経済変動の最大の原因ではないことも明らかになっていったのが、一九八〇年代、一九九〇年代であった。

現在フリードマンは、いくつかの大学の名誉教授として小柄なからだに衰えない意欲を漲らせて後進の指導にあたっている。彼の一貫した信念を貫いた生き方自体が一つの思想と言えるかもしれない。

†裁量的政策の危険

フリードマンは、もともと貨幣量と物価の関係についての実証研究から出発した学者である。一九六三年には同僚のアンナ・シュワルツとともに『アメリカ貨幣史』という本を出版し、アメリカの物価が長い歴史で見れば貨幣の量と比例して変動していることを示した。これは古くから貨幣数量説と呼ばれて経済学では物価を決める標準的な議論とされてきたものである。生産される品物の量が一定のとき、貨幣だけが増えれば一つ一つの品物を買いに向かうお金だけが増えるから物価が上昇する。逆であれば一つ一つの品物に対応するお金の量が減るから物価は下がるのである。

だが、この貨幣数量説が成り立つにはいくつかの条件が必要である。まず第一に、生産される品物の量が一定でなくてはならない。すでに見たケインズは、失業や工場の遊休があるような不景気には貨幣量の増加は物価の上昇にはほとんど繋がらず、むしろ金回りをよくして生産を増加させると説き、一世を風靡したのであった。アメリカではこのケインズの考え方が政府の経済政策の支柱となったから、古風な貨幣数量説を説くフリードマンは変わり者と目されていた。

しかし、フリードマンも古風な貨幣数量説そのままのことを言っていたわけではない。彼はケインズが貨幣量が生産に影響を与えると言ったこともあながち間違いというわけではないと考えていた。というのも、人々は貨幣量の増加で金回りがよくなったことを品物の売れ行きがよくなったのと勘違いして生産を増やす可能性があるからである。ただ、人々はやがてそれがお金の量の増加によるものであることに気づき物価の上昇分を差し引くと儲けが増えていないことを発見する。しかも、一回過度な増産をしてしまっているから、しばらくの間は生産を縮小する行動に出るだろう。すると、かえって不景気が始まってしまうのである。このように、短い期間は貨幣量の増加の効果があるように見えるのは人々の錯覚がもたらしたもので、それはすぐに薄れて物価の上昇だけが後に残るというのがフリードマンの発想なのだ。

さらにフリードマンは言う。万に一つ、ケインズの理論が正しいとしても、政府が好景気・不景気を判断して貨幣の量を増減させるのはいただけない。まず、政府は民間に比べて賢いとか情報を多く持っているという保証はないのだから、その判断が間違っている可能性がある。さらに、政府が判断をしてもそれを委員会や議会で討論している間に事態が推移してしまう可能性がある。やっと金融政策が実施されたとしてもその効果が出るまでに時間がかかれば、一番悪いタイミングで貨幣が増えたり減ったりするかもしれない。したがって、このような裁量的な政策を政府がとることは百害あって一利なしというものだ。実際、『アメリカ貨幣史』のなかで、フリードマンは一九二九年の恐慌以降のアメリカの不景気の原因を、アメリカの準備制度理事会が誤った判断をし、貨幣量を増やすべきときにかえって減らしたからだと述べている。

それでは、裁量的な政策にフリードマンが対置するのはなんであろうか。それはk%ルールというものである。文字どおり、政府のその場その場の判断で貨幣量を増減させるのではなく、妥当と思われるアメリカ経済の成長率に合わせてそれと同じ率で毎年の貨幣量を増加させるのである。そうすれば品物の量と貨幣の量はいつも同じ比率なので物価は変動せず、人々は混乱しないので経済変動も防げるというわけだ。

一九六〇年代後半から、ケインズの考え方をとるアメリカの主流派の経済学者が予想しなかったインフレが徐々に始まるにつれて、マネタリズムと呼ばれたフリードマンの考えは少しずつ脚光を浴びるようになる。そして、そのインフレが一九七〇年代に加速しピークを迎えるのと、フリードマンがアメリカの経済学の頂点に上り詰めるのとは軌を一にしていた。だが、一九八〇年代に入ると、フリードマンの予想と違い貨幣量と物価が比例しなくなる。同じ貨幣の量でも人から人へと渡るスピードが違えば物価との関係も変わるのである。これが貨幣数量説の成り立つ第二の条件である流通速度の一定ということだ。やはり経済は一筋縄ではいかない難しいものである。

†自由の闘士

フリードマンは一九六二年の著作『資本主義と自由』で、人々に分かりやすく自由な競争の大切さと政府の過度な介入の弊害を説いた。このようにフリードマンはハイエクの考えを引き継ぎ、自由こそが社会にとっては大切であり、思い上がった裁量的な政策がいかに問題であるかを各所で述べている。

フリードマンが提案した福祉制度の改革案に負の所得税というものがある。普通所得税のかかる一定以上の収入がある人と社会保障の対象になる低収入の人とは全く別個の政策対象と考えられている。しかし、低所得だが所得税を課せられてもいず、社会保障給付も受けていない層の人は、少し働き過ぎてかえって所得税をかけられるのが嫌で怠けてしまうということがあるかもしれない。そこで、フリードマンはそのようなインセンティブの喪失を防ぐために、ある収入を境にして段階的に所得税が重くかかっていくのと同じように、その線以下の人には段階的に手厚く社会保障給付をするという対称的でシンプルな制度に一元化することを提唱した。

また、彼は教育制度についても授業料切符制というのを提唱している。これは大学で高等教育を受けたい若者がお金でなく政府から一律に配られる授業料切符で支払いをする制度である。こうすれば、貧富の差なく平等に教育を受けられる上に国立、私立を問わず、同一の授業料のもとに大学が教育の質で競争をするようになるというのである。

こうした提言のなかに一貫して流れているものは、政府が裁量的に何かしようとしてかえって有利な者、不利な者を作り出している現状への批判であり、能力があっても貧乏で苦労をしたが努力で上り詰めてきた自分への誇りであろう。

†複数均衡の問題点

フリードマンが、裁量的政策にはかえって経済を不安定にしてしまうおそれがあるといったことを理解するために、ゲームの例を使ってみよう。

まず次頁の左の表を見てもらいたい。今回はA、Bは二つの会社ではなく、Aは政府、Bは民間であるとしよう。政府は景気をよくするために貨幣を増やす政策をしているとする。景気をよくしたいときに貨幣の量を増やして金回りをよくするのである。

だが、政府がそのときどのような政策を行なっているかが分からなければ、民間の企業は生産を増やすように行動していいものか、そうすべきでないのか判断に困るだろう。政府も政策を行なわず民間もそれに応じた行動をしなければ何も変わらないので、両者とも変化なく利得はそれぞれゼロである。逆に政府も貨幣を増やし民間もそれに応じて行動すれば景気は実際に改善されるので、両者の利

A＼B	しない	す　る
しない	0，0	0，－100
す　る	－100，0	100，100

A＼B	しない	す　る
しない	0，0	50，100
す　る	100，50	－100，－100

得は最高の一〇〇、一〇〇となる。政府と民間の息が合わないと状況は最悪である。政府が貨幣の量を増やしても民間がそれに応じた行動をとらなければ、生産が増えずに貨幣の量だけが増えるのだからインフレーションが発生し、民間はともかく政府は政策が失敗しマイナス一〇〇の利得に落ち込んでしまう。一方、政府が貨幣の量を増やす政策をとらないのに民間が生産を増やしたとすれば、貨幣の量がそのままで生産が増えるのだからデフレーションとなり、金詰まりで売れ行きが悪いために民間の利得はマイナス一〇〇になってしまう。

左の表から明らかなように、Aの政府にとってもBの民間にとっても望ましいのは、政策が行なわれなくて民間も生産を増やさないことか、政策が行なわれて民間も生産を増やすことの二つである。これは、いったんその状況になれば、相手がゲームの手を変えてこない限り、自分もそこにとどまることが一番望ましいことから分かる。しかし、今年相手がどちらの手を使うか分からない限り、自分もどちらの手を使っていいか分からず、どちらかが損失を被る状況に陥る可能性は常にある。

裁量的に政府がその年その年の判断で政策を選択すれば、このように最悪の結果を招くおそれがある。政府が政策をアナウンスすればいいではないかと言うかもしれないが、民間がそのアナウンスを信用しないかもしれないし、政策を実施してから実際に貨幣が増えるまでに時間のずれがあると両者のタイミングがずれてやはりチグハグな結果になる可能性は十分にある。これを防ぐための方法は一つ、政策を毎年行なうか一切行なわないかを決めて政府も民間もそのルールに従って行動することである。

前頁の左の表のようなゲームを恋人たちのジレンマ・ゲームと呼ぶことがある。これは野球の好きな彼氏とサッカーの好きな彼女が、デートでどちらを観戦するか決めるときに、打ち合わせてから待ち合わせないと最悪の結果になることがあるという例に似ていることから来た名である。一番いいケースは二人で野球を見るか二人でサッカーを見るかの二つであり、嫌なのは結局会えずにそれぞれがバラバラに野球とサッカーを見ることである。なかでも、彼氏がサッカー場にいて彼女が野球場にいたら最悪である。

ついでながら、前頁の右の表のようなゲームをチキンレースのジレンマ・ゲームと呼ぶ。アメリカの不良少年が度胸試しに反対方向からまっすぐに車を走らせてきて、先に避けた方を「臆病な鶏め!」と罵るこの遊びでは、A、Bそれぞれにとって一番望ましいのは相手が先に避けて自分が避けないことである。この二つのケースがこのゲームの答になる。AB二人にとって嫌なのは、二人とも避けて二人とも臆病者になることと、二人とも最後まで避けずに死んでしまうことである。だが、相手がどう出るか分からないと最悪の結果になる危険性は十分にある。

25

赤字財政の政治経済学

ブキャナン『公共選択の理論』1962年

Buchanan, *Theory of Public Choice.*

†古きよきアメリカ人

ブキャナンには、頑固で力強く自由を愛するアメリカの父親のイメージがある。古きよき西部の父親の感じである。これは、彼が農場を所有し、週末には自分でもトラクターを動かしていたことから来るものだろうか。いや、むしろ、彼の考え方のなかにあるルールの下での自由を尊ぶ精神で、従来の分野にとらわれない経済学、財政学の新しい方向を開拓していったことがそのイメージを作っているのかもしれない。

ブキャナンは一九一九年、アメリカのテネシー州に生まれた。シカゴ大学で学位を取得したのちバージニア大学で長く教えた。このため、ブキャナンの流れをバージニア学派と呼ぶことがある。財政学に経済学的な視点を取り入れたとも、経済学に政治的な視点を取り入れたとも評せる彼の理論体系は、ブキャナンのカリスマ性とも相俟って一つの学派を形成したのである。彼はその研究所として公共選択センターの運営にもあたっている。現在はジョージ・メイスン大学の教授であり、一九八六年にはノーベル経済学賞を受賞した。これによってブキャナンの考えは学問的にも市民権を得たわけだが、一九七〇年代以降、先進国の財政赤字が深刻化する中で政策の部面では影響力を強めてきていた。日本でも当時の国鉄の民営化に代表されるような民活路線はブキャナンの考えに由来するところが大きい。現在も不景気からの回復か、それとも深刻な財政の再建かが議論されているわけだが、ブキャナンはこの面では財政再建の神様的な存在なのである。

†公共選択理論と立憲経済学

ブキャナンは、社会とは自由で多様な個人の集まりに過ぎないとシンプルに考える。シカゴ学派の伝統である個人の人間から発想するやり方をブキャナンもまた受け継いでいるのである。だが、全く意見も性格も趣味も異なる個人が集まり、社会全体として何かを決めることは大変である。なぜなら、個人主義者である個々の人間は自分の利害だけを考えて行動するから、相互の衝突や食い違いは避けられないからだ。そこで必要になってくるのがルールや制度というものである。通常の経済学ではこのルールや制度は前提として、その枠組みの中でどのように行動するのが理にかなっているかを考える。ブキャナンはその前にルールや制度そのものが理にかなっているかどうかを検討する必要があるだろうと言った。これが公共選択理論という発想である。

ブキャナンは個人が集まって民主的で合理的な判断の下に作られるルールや制度を全てコンスティテューションと呼ぶ。これは直訳すると憲法だが、この言い方には民主的な決まりの代表といえばすぐに合衆国憲法を思い浮かべるアメリカ人の感覚も反映されているように思う。しかし、そこには、それだけでなく一度決まったことにはどんな権力者も従うべきであり、きちんと改正されるまでは誰もそれを曲げてはならないというブキャナンの考えが強く示されてもいるのである。そのことから、ブキャナンは自分の考え方をコンスティテューショナル・エコノミクスとも称している。

ブキャナンのホームグランドである財政にこの考えを当てはめると、税金を納める国民はきちんとその見返りに正当な公共サービスを受けなくてはならないし、納税者本人が財政の収入・支出の両面に目を光らせるようにしなければならないということになる。そもそもイギリス本国から課された重税が嫌で植民地から独立したアメリカではこれは国民の普通の感覚だと思うが、日本ではまだ税はお上に納めるものという意識が強く、権利意識がない分その裏返しで被害者意識だけが先に立つのではないだろうか。この意味でもブキャナンの考えからは学ぶところが大きい。

だが、投票によって自分の利害にそった代表を議会に送り込んだ国民は、もちろん、自分はできるだけ少なく払ってできるだけ多くのものを受け取ろうとするだろう。票の欲しい議員もそうした国民の利益代表として振る舞うことになる。こうして減税は大いに受けるが増税は大反対に遭い、それぞれの利益代表の妥協の産物としてどの財政支出も一律に増大することはあってもどこかの項目だけ削減されることはなくなる。こうして民主主義国家の財政は不断に赤字化する傾向にあるのである。もともと、古くは各国とも財政均衡を基本理念としていた。それが積極財政という考えに転じたのはケインズの時代以降とされている。ちょうどそのころから民主主義が大衆化して利害の調整の幅が大きくなった。ケインズの考えはそうした情勢を背景に生まれたと言ってよい。ただし、ケインズは不景気に政府が積極的にお金を使ってたまった赤字は、続く好景気に増税をしてその黒字で埋める必要があると考えていた。だがその見通しが甘かったのはブキャナンの指摘の通りである。したがって、この赤字累積のメカニズムをストップするには財政均衡を法律で定めて実施せよ、とブキャナンは言う。ただ、日本でも九〇年代に爆発的に増えた財政赤字を段階的に削減する法律が作られたが、この不景気の深刻化の中であえなく停止されてしまった。ブキャナンの主張を貫徹するには大変な政治力が必要なのである。

このようにブキャナンの考えは、政治のプロセスを経済的な視点から見たときに鋭い切れ味を示す。たとえば、官僚の権力が強い日本などで賄賂や接待が横行するのは、一種の市場メカニズムの変形だと考えることができる。より多くの賄賂を払ったり接待により多額のお金を使う企業ほど、結局安く受注できる能力を持った企業だという信号になるからである。だから、汚職をやめさせたいなら倫理を言うより規制を大幅に緩和して受注価格だけで競争ができるようにすればよいのである。政治の世界もまた種々の利害を最大にしようとして動いているのだから、ブキャナンの言うように違反が得にならない制度を作ることが最もよい解決策ということだ。

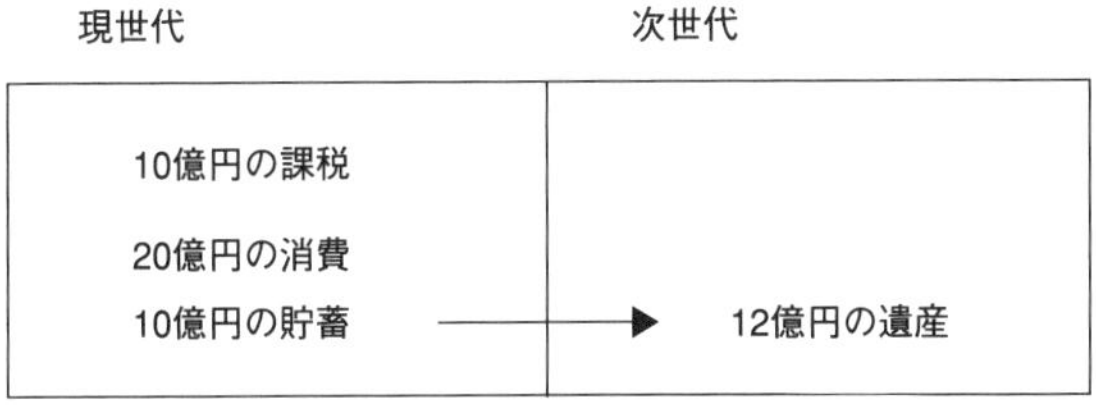

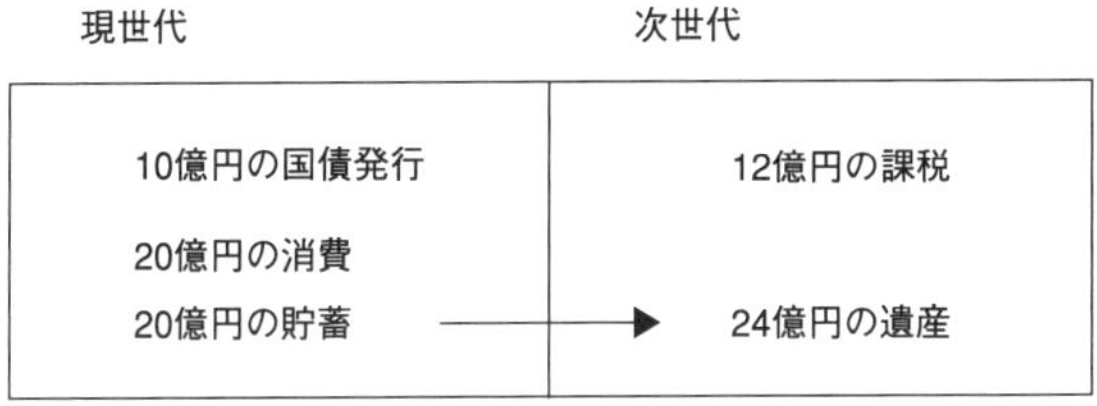

†公債負担の将来転嫁

累積した財政赤字は国債の発行によってまかなわれる。新たに発行された国債には利子がつくし、償還期限が来れば元本が払い戻されなくてはならない。したがって、そのときにはまた増税かさもなくば借金返済のための借金をしなくてはならないということである。

ところで、純粋に理論的に考える限り、現在必要な一〇億円の財政支出を追加的に行なうとき、政府がそれを増税でまかなおうとも国債発行でまかなおうとも、経済に与える効果は同じだという議論がある。現在の世代の所得が四〇億円でそのうち二〇億円の消費をし、残りは貯蓄をして次の世代に残すと考える。また、次の世代までの利子率は二〇％である。図の上は、一〇億円の財政支出を増税でまかなったときである。現世代の貯蓄は一〇億円になるので、次世代には一二億円の遺産が残されるのが分かる。図の下は国債発行でまかなった場合だが、現世代は一〇億円の国債購入を含めて二〇億円貯蓄して二四億円の遺産を残すものの、次世代は国債償還のための一二億円を政府に取られるので手許には結局一二億円が残るのである。

この議論によってたいていの負担転嫁論は論駁できるのだが、ブキャナンは全く別の次元で国債が将来の世代に負担を転嫁することを述べる。課税も国債の購入も、その世代の中だけで見れば、結局自分の金の一部を国に渡すことになるのだが、課税は強制的であるのに対し、国債の購入は自分で判断ができる。つまり、一〇億円を自主的に渡す選択をできる現在の世代よりも、一二億円を強制的に取られる将来の世代の方が選択の幅が少ないのである。この非対称性をブキャナンは負担の転嫁と称した。

26 合理的な愚か者

センSen, *Commodities and Capabilities.*
セン『福祉の経済学――財と潜在能力』1985年

†俗世に生きる

仏様はこの世の人々を救済するために敢えて汚れた世界に生まれてくるのだ、という話を幼いころに聞いたような気がする。インド出身ということが連想を誘うのだろうか、私は一九八八年のノーベル賞経済学者にして現代を代表する、この思想家のことに思いを馳せるとき、その話をいつも思い出す。私はまだ残念ながら本人と言葉を交わしたことも会ったこともないのだが、イギリスのホテルで見かけたという、ちょっとおっちょこちょいな同僚によれば、遠くからでもそれと分かるカリスマ的なオーラを発していたという。仏様なら光輪というやつかしら。

アマルティア・センは一九三三年、インド・ベンガル地方のシャンティニケタンに生まれた。ダッカ大学で化学を教えていた父親の転勤でバングラデシュのダッカ、ミャンマーのマンダレーにも住んだこともある。当時はイギリスの植民地であったインド大陸だが、知識階級の息子であり、インド独自の身分制度であるカーストでも上位の階層にいたセンは同じインド人のなかでも特に恵まれた境遇であった。

そんなセンの思想家としての資質を決定したのは、彼が九歳のときの衝撃的な体験であった。アマルティア少年は上流階級の子弟の通う小学校にいたが、当時インドは大量の餓死者を出したベンガル大飢饉の真っただ中にあった。センが小学校で授業を受けているとき、おそらく飢餓のために精神に変調を来したのであろう、一人の痩せこけた男が小学校に乱入して暴れ始めたのである。子どもたちは逃げまどい、幼いセンの心にこの光景が鮮烈な印象として焼き付いた。

そうした幼児体験を心の奥底にしまいながらも、センは一九五一年にカルカッタ大学に進学した。そして、インドの上流階級の子弟として当然のようにイギリスに留学する。留学先はケンブリッジであり、ここで経済学の薫陶を大いに受けて一九五九年に博士号を取得した。卒業後はいったんインドに戻り、現コルカタのジャダブプール大学教授を務めたが、ケンブリッジのフェローとしての地位も保持していた。その後、デリー経済大学教授を経て、イギリスに再び渡り、LSE教授、オックスフォードのフェローと教授を経てケンブリッジに戻った。

経済学徒として当初は、社会選択理論というとても抽象的で論理的な分野を専攻していたセンのなかに、インドでの幼い記憶が蘇ってきた。実は数学的な理論経済学は人々の平等の問題を扱うのがとても苦手である。経済学の基底には主観的な満足感という考え方が置かれているので、お金持ちの満足と貧乏な人の満足とを比較する方法がないのである。あくまでも満足感は主観的なものなので、どうしても客観的な物差しが見つからないのだ。だとすると、所得を再分配する前と後で社会状態が改善されたかどうかを判断する方法がないのである。

社会選択理論も、こうした社会的な善悪判断をするための手続きを探す研究として始められた。しかし、その結論はとてもガッカリするもので、個人の好みを踏まえて社会的な判断に持っていく完璧な方法がないことを示していた。このことはセンに経済学への深い絶望をもたらした。それでもセンは経済学を捨てなかった。何とかして既存の経済学を乗り越えようとしたのである。そのことは決して生易しい営みではなかったが、センは持ち前の粘り強い思索で立ち向かった。そして、独自のセン・ワールドを築き上げたのであった。

センはプライベートな生活でも多くの変化に見舞われた。大学生のときには顔面の悪性腫瘍で摘出手術を受けた。最初に結婚したインド人の奥さんとはロンドンで離婚し、やはりインド系の二番目の奥さんとは胃がんで死別した。二人の奥さんとの間には二人ずつ四人の子どもがあるが、最初の奥さんとの間の娘さんはインドで女優をされている。現在、センはアメリカのハーバード大学の教授であるが、これは同大学で教授を務めるアダム・スミス研究者のエマ・ロスチャイルドとの結婚が縁となっている。エマはその名が示す通りアメリカのユダヤ系大財閥の当主の娘である。

†潜在能力アプローチ

初期のセンは極めて抽象的で数学的な社会選択理論の論理と格闘していた。この社会選択理論の世界で、個人はあくまでも自分の利害を代弁するような意見にしがみつき、主張を続ける。自分は自分、他人は他人であり、相互の間には妥協や協力の余地はない。別に数学に頼らなくても明らかなことと思うが、このような世界ではみんなの意見をうまく反映できるようなとりまとめを行なうことは論理的に不可能なのである。これは社会選択理論の創始者である、アメリカの経済学者アローがすでに明らかにしていた事実であり、その後の研究者は様々な次善の方法について、それぞれの性能を明らかにし、比較するような研究を行なっていた。

だが、センにとって、そもそも自分の利害だけを追求するという人間像が信じがたいものだった。そうした経済学的な人間の姿は、頭だけはとてもいいが、他人と助け合ったり他人の幸せを考えたりしない、極めて心の貧しい愚か者に思われた。センは事実の問題として、人間にはやむにやまれぬ思いから自分を犠牲にしても何かをなすということがあるということを指摘する。仏教説話のなかに、前世のシャカが谷底で飢えている虎の子どものために身を投げて自分の身体を食べさせるという話がある。センはこのような心からの献身行為をコミットメントと呼んだ。

コミットメントは何も命を捧げるような大それたことばかりを言うのではない。アフリカの貧しい子どものために小額のお金を寄付することはよくあることだし、最近よく報道されているように地下鉄の線路に落ちた人がいれば皆協力して何とか助けようとするだろう。こうした行為に我を忘れても走るとき、人は何か自分の利害を計算に入れているだろうか。答はノーである。センは、こうしたコミットメントが人々の間に普遍的に見られる以上、自己の利益のみを最大化しようとする経済学的人間像は間違っていると結論付けるのである。

だが、善なる心を持つ人々からなる現実の社会には不平等や貧困、そして多くの悲惨が存在している。すでに述べたように既成の経済学では、経済的平等について考えると個人の心に立ち入ることになるのでちょっと科学的分析は無理です、とやってしまう。これでは、センが経済学を志した目的である貧困の撲滅が達成できない。そこでセンは、ここでも従来とは違った問題接近を図る。

通常の経済学では、世の中で人々に役立つ品物や用益、つまり財やサービスを消費することから人々は効用を得るとしている。この効用は前に述べたように精神的な満足感のことで、経済学はこの効用に基盤を置いているくせに、同時に個人の心には立ち入れないという立場を貫いているために妙なことになっているわけである。そこでセンのした工夫は、効用を財が直接人に与えるのではなく、人間が財やサービスを用いてなす行動が人間に効用をもたらすと、ワンクッション置くことであった。このような、人間が財を使って行なう行動のことを機能（ファンクショニング）と呼んで、センは術語化した。

このアイディアは、ゴーマンとランカスターという二人の経済学者が始めた特性アプローチとよく似ていると私は思う。彼らはやはり財やサービスが直接効用をもたらすと考えるのはおかしいとする。たとえば、買ってきた自転車を鑑賞して満足するならそうだろうが、そういうことはまずない。自転車はそれに乗れば早く目的地に着けるとか、休日にサイクリングをすればダイエットに役立つとか、何らかの道具としての特性を持っている。財が効用をもたらすのはそうした特性を通じてであり、この意味で財は特性の集合体である。こうした考え方は企業の製品開発でもとても役立つ。特性によって製品が区別できるし、新しい特性を導入すれば容易に新製品を作り出せるからである。

センの機能も、特性のような媒介項として財と効用との間に置かれたものである。両者の違いは、特性が財の側の性質として捉えられているのに対して、機能があくまでも人間の行動に即して分類されている点だろう。センは人々が多くの財を用いていろいろな機能を可能にし、日々の生活を営んでいると捉え、こうした機能の集合を潜在能力（ケイパビリティ）と呼んだのであった。

†HDIの開発へ

センは貧困の根本を、潜在能力が肉体的・経済的に十分に保証されていない人が存在することとして理解する。たとえば、足が不自由で自転車を漕げない人がいたとする。彼に自転車という財をあげたとしても、それは彼にとって何の意味も持たない。彼は自転車を使って目的地に移動するという機能を享受できないからである。だから、もし福祉の観点から、彼に何かをしてあげようとすれば、公共輸送サービスを提供するようなことになるであろう。これも人々に効用をもたらすものを、財そのものではなく機能と考えればこそ理解できることである。

もちろん、財の設計で何とかなることもある。たとえば、手がうまく使えない障害のある人にとって、普通のハサミは役に立たないだろう。しかし、グリップの大きさを変えたり刃の角度を変えたりと、いろいろな工夫をすれば障害のある人にとっても便利な道具になるかもしれない。私に言わせると、だから、センはこうした開発思想を意味するユニバーサル・デザインの思想家でもある。もっとも、そう呼んでいるのは私だけだからご注意を。

肉体的・精神的な障害だけでなく、経済的貧困もまた潜在能力の欠如をもたらす大きな原因である。お金がなくて十分な教育が受けられなければ、人類の大きな遺産である文化や芸術を享受する道が閉ざされるであろう。だから、教育サービスは人々に平等に提供される必要がある。

従来の経済学が所得分配の問題に切り込めなかったのは、それが人間の主観である効用のレベルで平等を考えていたからであった。これをクリアした点に、センの潜在能力アプローチの巧みさがある。効用の個人間での比較は不可能だが、潜在能力は客観的に違いを把握できる。センは、同じ社会の一員である以上、潜在能力については平等に保証されるように要求する権利がすべての人に与えられていると考え、このことをエンタイトルメントと呼んでいる。公共サービスにはいろいろあるから、実際に使うかどうかとか、使用頻度はその人の自由であるが、いざ使おうと思えば自由に使えるということが保証されていることが大事なのである。すでにお分かりと思うが、議論がこのレベルになってくれば、所得再分配がお金で行なわれようが、現物給付で行なわれようがどちらでもいいことである。

センは、最終的に社会は効用という物質的な満足の総量ではなく福祉を追求すべきであると主張する。ここで福祉と訳しているのはウェルビーイングであり、「良き生」と言い換えればいちばん分かりいいだろうか。国際連合はこのセンの考え方を元に人間開発指数（ＨＤＩ）を開発し、世界各国の豊かさの指標としている。ＨＤＩは同じような計算式で算出するＧＤＰ、平均余命、教育という三つの指数を平均して、一以下の数値で表わされる。単に経済的な繁栄だけでなく、人生の長さや教育の充実という要因も同じように配慮されていることが確認できるだろう。

†不平等を測る

センの平等、不平等の判断基準は、彼の深い思想を反映してとても複雑で深遠なものだったが、一般に不平等さを測るときにはどうしているのだろうか。普遍的によく使われているのはジニ係数という数値である。

今例として、貧者と富者という二つの階級からなる社会があり、それぞれの平均所得が五〇〇万円と一〇〇〇万円だとしよう。便宜的にこれらの合計を出すと一五〇〇万円となることはすぐ分かる。この平均所得合計一五〇〇万円に占める各平均所得の割合は、三分の一〇〇％である。

ここで次頁の図のように縦横一〇〇％という正方形を考えて、横軸を二階級ということで二つに等分しておく。左の区分が貧者、右の区分が富者である。貧者の区分の右端に、先ほどの平均所得の割合三分の一〇〇％を測っておく。左下の原点を発して、この貧者の割合を通り、右上の一〇〇％のところまで直線で結ぶと図のような折れ線ができあがる。これがローレンツ曲線と呼ばれるものである。

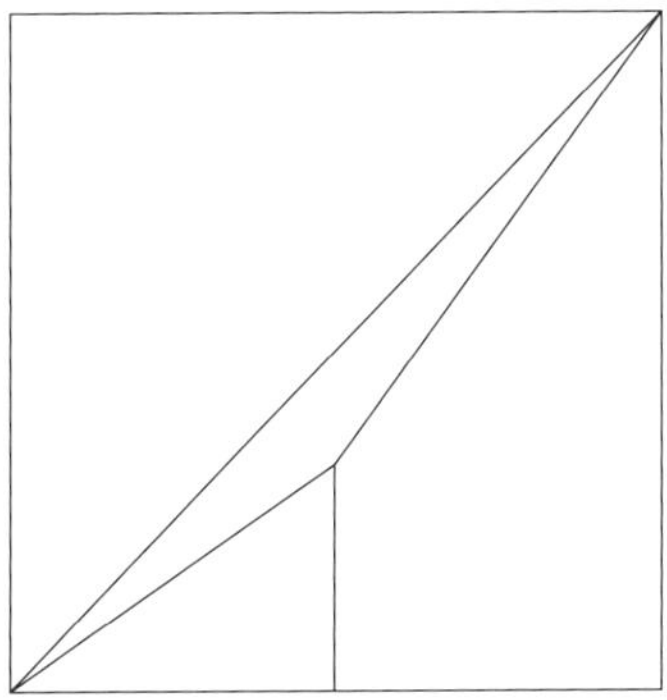

ジニ係数は、原点と一〇〇%を結ぶ対角線とローレンツ曲線で囲まれる図形の面積が正方形の半分の二等辺三角形に占める比率として算出される。二等辺三角形の面積は$100 \times 100 \div 2$だから五〇〇〇だが、囲まれた面積はどうやって出すのだろう。それには五〇〇〇から、下にある三角形一個と台形一個の面積を引くことが必要だ。三角形の方は$50 \times 100/3 \div 2$で六分の五〇〇〇、台形の方は$(100/3+100) \times 50 \div 2$で六分の二〇〇〇〇だから、囲まれた面積は$5000-25000/6$で六分の五〇〇〇である。これを五〇〇〇で割ればジニ係数は六分の一、つまり約〇・一七である。

この計算例から明らかなように、不平等さが大きくなるとローレンツ曲線が下に屈折する程度が増し、ジニ係数は大きくなる。最大なのは貧者の平均所得が〇のときで、ジニ係数は一である。これに対し、社会が完全に平等ならばローレンツ曲線は対角線と重なるから、ジニ係数は最小の〇になる。実際の計算では所得階層を五つ程度に分けることが多い。

おわりに

本書を読み終えたみなさんには、現代経済が立体的で陰影に富んだ相貌で立ち現れるようになったことだろう。そして、経済思想のタイムトラベルが、ここからさらに未来へと続いていることもお分かりになったと思う。

本書に続いてさらに経済について学びたい方は、もちろん経済学の通常の入門書へと進まれるのがよいだろう。だが、その前に、経済学の理論や分析用具の歴史を知って、本書よりもう少し本格的に経済学の世界に足を踏み入れておきたいと思われる向きには、拙著『新版・おもしろ経済学史』（ナカニシヤ出版）をお薦めしたい。

また、本書で取り上げた個々の経済学者や思想家についてより詳しくその知恵に迫りたいという人は、私の紹介したそれぞれの経済学者の主著を実際に手にとるのがよいだろう。ただ、本書のなかで邦訳について触れなかったのは、残念ながら翻訳が古いなどの事情で必ずしも読みやすく理解しやすいものとしてはお薦めしにくいものが多かったからである。読者のみなさんには申し訳ないのだが、どうか、彼らの名前を頼りに独自に深く鉱脈を掘り進んでいただきたい。とはいえ、ここまで水先案内を務めてきた責任上、お問い合わせいただければできる限りの協力はさせていただきたいと思っている。私の電子メールのアドレスは、yamazaki@fukuoka-u.ac.jp である。ご感想やご意見も遠慮なくお送りいただければ幸いである。

本書のできるまでには、ナカニシヤ出版の皆様に企画の段階から大変お世話になった。津久井輝夫さん、松下裕さん、伊地知敬子さんにこの場を借りてお礼を申し上げたい。そして、最後の最後に、すぐ怠けそうになる私を激励したり脅したりして締切を守らせてくれた妻・祥恵と、書斎に邪魔しに来ているようで結局は私を和ませてくれたロシアンブルーのソフィアに本書を捧げることをお許しいただきたい。

増補版　おわりに

本書を最後までお読みいただいた方は、私と一緒に経済思想のタイムトラベルをしてくださったことになる。いかがだったろうか。今日の複雑で入り組んだ経済社会を見通していただける、ご自身なりの管制高地は見つけられたであろうか。

思えば、本書の初版を上梓してから一〇年を超える歳月が流れ、現代の主流経済思想の座から新自由主義は姿を消しつつある。かといって、左派的な思想が復活する兆しはなく、しばらくは新たな経済社会像の模索が世界各地で続けられるのかもしれない。

本書で取り上げた学者、思想家でも、この一〇年の間に物故者となった方も多い。まず、「自由の闘士」であり、先述の新自由主義の中心的論客であったフリードマンは二〇〇六年一一月一六日に九四歳の天寿を全うした。アメリカ制度学派の生き残りであり、マスコミでも最後まで大活躍だったガルブレイスは、それに先駆けて同年四月二九日に九八歳で帰天している。そう言えば、アメリカ経済学会の大御所的存在であり、本書ではそのガルブレイスを皮肉ったとして登場するサミュエルソンも、昨年一二月一三日、九四歳で亡くなっている。

もちろん、現在な元気でご活躍の皆さんもいらっしゃる。本書の最後の方で登場するブキャナン氏には三年前、彼が米国ヴァージニア州のジョージ＝メイスン大学で開催された学会で基調講演をされた折にお目にかかったが、当時八八歳のご高齢であったはずにも関わらず、その気力漲《みなぎ》る眼光と張りのある謦咳《けいがい》に接した記憶は鮮明である。

今回の新版で新たに章を立てて加えたハーバーマス氏とセン氏も健在だ。現在ハーバーマス氏は八一歳、セン氏は七六歳のはずだが、お二人とも現代経済思想の最前線をなお走り続けている。ハーバーマスについては、本書でお読みいただいたとおり、精神分析の創始者フロイトの現代思想への影響の一端を示したくて取り上げることにしたのである。しかし、原稿を書いている途中で、あらためて彼のコミュニケーション論をじっくり考え、その現代的意義の深さに驚かされた。

センも実は初版執筆のころから気になっていた思想家である。彼がノーベル経済学賞を受賞したのは、ちなみに本書初版出版の前年であった。今回取り上げることができたのは、私のなかで彼の思想への解釈が固まってきたためである。だから、是非読者の皆さんの忌憚のないご意見も承りたいものだ。

さて、私は本書以外にも一〇冊程度の書籍を上梓しているが、最も読者を得ているのが本書ではないかと感じている。売れ行きを調べたわけではないのだが、直接感想をいただくことが多いのが本書だからだ。かつて、ケインズは現在の政治家たちが過去の経済思想家の奴隷であり、古い経済思想から抜け出すのは本当に難しいことだという趣旨のことを書いたが、これも思想ということの世間への影響力が意外と大きいということなのだろう。

初版のときに引き続き、今回の新版でもナカニシヤ出版の津久井輝夫さんから並々ならぬご支援をいただいた。この場を借りてお礼を申し上げたい。

白状すると本書の書名は私の愛猫ソフィアに因んだものである。ギリシャ語で彼女の名前の意味は「知恵」である。初版出版時には三歳であった彼女も今年の二月一日で一四歳になった。猫としては高齢の方と思うが、相変わらず活発でこちらが毎日元気をもらっている。このわが娘に、本書新版も捧げることをお許しいただきたい。

二〇一〇年六月三〇日　福岡県糸島市の書斎にて

ラ・ワ行

マ・ヤ行

索　引

サ　行

索　　引

ア　行

カ　行

著者略歴

山﨑好裕（やまざき・よしひろ）

1962年　青森県に生まれる。

1988年　東京大学経済学部卒業。

1993年　東京大学大学院経済学研究科博士課程修了。
東京大学博士（経済学）。

現　在　福岡大学教授。

著　書　『企業犯罪の経済学』（中央経済社，2008年），『おもしろ経済数学』（ミネルヴァ書房，2006年），『新版・おもしろ経済学史』（ナカニシヤ出版，2004年），『目からウロコの経済学入門』（ミネルヴァ書房，2004年），『経済学オープン・セサミ』（ナカニシヤ出版，2003年），『キャリア・プランニング』〔編著〕（中央経済社，2006年），他。

経済学の知恵〔増補版〕
——現代を生きる経済思想——

1999年 4月20日　初版第1刷発行
2010年 2月16日　初版第9刷発行
2010年10月14日　増補版第1刷発行
2022年 3月12日　増補版第7刷発行

著　者　山　﨑　好　裕
発行者　中　西　　良

発行所　株式会社　ナカニシヤ出版
〒606-8161　京都市左京区一乗寺木ノ本町15
電　話（075）723-0111
FAX（075）723-0095
http://www.nakanishiya.co.jp/

印刷・製本／創栄図書印刷

ISBN978-4-7795-0493-8　Printed in Japan

山崎好裕

新版・おもしろ経済学史

―歴史を通した現代経済学入門―

経済学史を通じ、数式計算を一切使わず、楽しみながら現代経済学が分かる。各々の経済理論が、どんな経済学者によって、どんな経済問題に対して開発されたのかが学べる、肩の凝らない読み物的入門書。

二二〇〇円＋税

山崎好裕

経済学オープン・セサミ

―人生に得する15の奥義―

15人の経済学者の生き方とその理論を追っていくことで、現代経済学の歴史と経済学全体の体系を楽しみながら理解できる。「開けゴマ！」の呪文とともに明かされる、人生に役立つ経済学の奥義。

二七〇〇円＋税

韓　福相

財政金融政策のマクロ経済学

初学者大歓迎！　誰でも経済ニュースや経済現象を理解できるようになることを目指し、難解な専門用語・数式を最大限まで回避。ゼロからマクロ経済学の仕組みを学べる丁寧で親身な入門テキスト。

二四〇〇円＋税

表示は二〇二二年三月現在の価格です。